农业合作社发展创新模式与实践

——基于世行六期项目贵州示范区农业合作社的调查

史 琼 著

中国财经出版传媒集团
中国财政经济出版社
·北京·

图书在版编目（CIP）数据

农业合作社发展创新模式与实践 / 史琼著. -- 北京：中国财政经济出版社，2024.7. -- ISBN 978-7-5223-3311-3

Ⅰ. F321.42

中国国家版本馆 CIP 数据核字第 2024JE5624 号

责任编辑：彭　波　　　　责任校对：张　凡
封面设计：卜建辰　　　　责任印制：史大鹏

农业合作社发展创新模式与实践
——基于世行六期项目贵州示范区农业合作社的调查
NONGYE HEZUOSHE FAZHAN CHUANGXIN MOSHI YU SHIJIAN
——JIYU SHIHANG LIUQI XIANGMU GUIZHOU SHIFANQU NONGYE HEZUOSHE DE DIAOCHA

中国财政经济出版社 出版

URL：http：//www.cfeph.cn
E-mail：cfeph@cfeph.cn

社址：北京市海淀区阜成路甲 28 号　邮政编码：100142
营销中心电话：010-88191522
天猫网店：中国财政经济出版社旗舰店
网址：https：//zgczjjcbs.tmall.com
北京虎彩文化传播有限公司印刷　各地新华书店经销
成品尺寸：170mm×240mm　16 开　10.5 印张　149 000 字
2024 年 7 月第 1 版　2024 年 7 月北京第 1 次印刷
定价：68.00 元
ISBN 978-7-5223-3311-3
（图书出现印装问题，本社负责调换，电话：010-88190548）
本社图书质量投诉电话：010-88190744
打击盗版举报热线：010-88191661　QQ：2242791300

CONTENTS 目录

第一章

导　论

一、研究背景

习近平总书记指出，“大国小农是我们的基本国情农情，要加快构建以农户家庭经营为基础、合作与联合为纽带、社会化服务为支撑的立体式复合型现代农业经营体系，实现小农户和现代农业有机衔接。”世行贷款中国贫困片区产业扶贫试点示范项目（即世行贷款第六期扶贫项目，简称“世行六期项目”或者“世行项目”）对于加快提高农产品加工转化率，发展设施农业，推动农村三次产业融合发展起到了良好的带动作用。世行六期项目已完成验收，如何保持世行项目支持的合作社顺利运行，并将其经验推广应用，实现以产业振兴巩固拓展脱贫攻坚成果、带动乡村全面振兴，推动农业农村优先发展，推动乡村建设取得新的重大突破，在巩固拓展脱贫攻坚成果、发展乡村产业、实施乡村建设行动、改善农村人居环境上开创新局面，全面促进农业高质高效、乡村宜居宜业、农民富裕富足，仍是“三农”工作需要亟待回答的问题。

在脱贫攻坚时期农业产业项目的发展目的具有时段性、针对性，而乡村振兴时期农业发展项目具有长期性、普遍性，通过深入了解合作社在产业形成发展、带动农户增收中面临的问题、困难，进一步明确不同主体在产业发展过程中的角色定位。加快构建新型农业经营体系，推动小农户和现代农业发展有机衔接，是深化农村改革的重要任务，是全面实施乡村振兴战略、加快农业农村现代化的必然要求。

当前，正值脱贫攻坚与乡村振兴两大战略衔接阶段，促进脱贫人口持续增收显得尤为重要。在一定意义上，乡村振兴与脱贫攻坚有效衔接的效果如何，在很大程度上取决于带动农户发展产业的现代农业经营组织在乡村振兴过程中发展的成效如何，对巩固拓展脱贫攻坚成果至关重要。运用“合作社+”模式参与农业产业发展中，其融合农村劳动力、资本、生产要素等社会经济有机组成部分的功能不可取代，因此实现乡村振兴离不开现代农业经营组织，而农业合作社作为较为成熟的农业农村合作组织是非常重要的。

农业合作社是一种互助性经济组织，由农民、经纪人或公司等主体自愿组成，旨在提高成员的农业生产效益和经济效益。合作社的创立的因素主要有农户自发成立或村委发展集体经济，而较为特殊的农业合作社则由产业引领、项目主导、人才引进结合的方式创立，贵州 2015 ~ 2022 年承接世界银行贷款六期建设项目，通过选取优势产业，使用世行项目资金进行基础设施建设和设备购买，引入职业经理人当选合作社理事长运营合作社，成立由妇女、低收入群体和普通农户组成的理事会、监事会来帮助合作社运营，建立县级监督管理的合作社财务管理制度，是一种较为新颖和规范的合作社运营管理模式，其建设的背景具体如下。

自党的十八大以来，党中央、国务院对扶贫开发的一系列新部署、新要求和新举措，对扶贫开发工作提出了更高的要求。国务院扶贫办与国家发改委、财政部、世界银行达成协议，决定利用世行贷款 1.5 亿美元，按 1 : 1 比例配套，选择乌蒙山片区的四川、云南、贵州 3 省和六盘山片区的甘肃、宁夏两省区的 26 个县作为项目区，以“发展高效、生态、高附加值产业，促进贫困片区农业产业结构调整；实现生态环境保护和贫困农户可持续增收；试点、示范并推广在中国贫困片区开展产业扶贫的方式和方法”为总目标，以“①探索在贫困片区培育和建立现代、高效、可持续发展农业产业扶贫的模式；②探索提高贫困人口组织化程度，增强自我发展能力的方式和方法；③探索建立贫困片区产业化扶贫市场和技术支持体系的具体方法；④以项目建立的产业扶贫模式在更大片区范围内进行示范和推广”为具体目标，实施世行贷款中国贫困片区产业扶贫试点示范项目（即世行贷款第六期扶贫项目），该项目于2015年9月28日在北京正式启动。

我国已经与世界银行成功合作开展了五期外资扶贫项目，“世行六期项目”是对我国扶贫开发工作的重要补充，对于增加我国扶贫开发的投入总量、缓解项目区的贫困程度、推动中国扶贫的制度创新、项目管理水平的提升、国际交流与合作的加强作出了重大贡献。项目针对农村农业生产经营组织程度低，农产品市场、农业社会化服务体系不健全等制约我国农业、农村发展的重要因素，探索以市场为导向，以农民专业合作组织为平台，探索撬动社会力量共同建立从源头做起，形成生产、加工、物流、市场推广、销售等环节综合发展的全产业链模式，以此来增加农民收入、提高农民自我发展能力和组织化程度，促进可持续发展，最终形成一套可供借鉴的扶贫模式。

“世行六期项目”中贵州项目区涉及贵州省乌蒙山集中连片特困地区的2市5县（遵义市的赤水市、习水县、桐梓县，毕节市的大方县、织金县），共覆盖30个乡镇，98个村的19.44万人（其中贫困人口6.47万人）。贵州项目区总投资4.8亿元人民币，其中申请世界银行贷款占总投资的50.83%；国内配套资金占项目总投资的49.17%。项目已于2015年12月开始实施，2022年6月结束。

“世行六期项目”贵州项目区自2015年12月实施项目以来，始终致力于推动产业扶贫和农村产业结构调整，助推脱贫攻坚。其间，农业企业与合作社作为现代农业经营组织在促进地方经济发展，提升区域农业产业化水平，实现贫困群众稳定脱贫增收的过程中起到了重要作用。农业产业是农户增收的主要抓手，是脱贫攻坚事业推进的中坚力量，以农业企业与合作社作为主导的多种经营主体联合体模式在农业产业发展过程中不断涌现，出现了“公司+基地+农户”“公司+合作社+农户”“公司+基地+商超”“合作社+大户+农户”“合作社+村委+农户”等多样化组织模式；成为引导、聚拢、组织脱贫农户融合参与产业链、利益链、价值链的各个环节，由农民向股东身份转换的有效方式；对增加农户收入、提高技能、增强抵御市场风险的能力，变“输血”式扶贫为“造血”式扶贫、变“开发式”扶贫为“参与式”扶贫，增强贫困地区内生发展动力，提高贫困人口的自主脱贫能力，促进贫困人口增收，实现稳定脱贫，提升农业产业化水平效果显著。

进入“十四五”，贵州以高质量发展统揽全局，把在新时代西部大开发上闯新路、在乡村振兴上开新局、在实施数字经济战略上抢新机、在生态文明建设上出新绩作为主目标，把新型工业化、新型城镇化、农业现代化、旅游产业化作为主抓手，全力以赴围绕“四新”抓“四化”，奋力谱写新时代贵州高质量发展新篇章。作为贵州发展战略核心，乡村振兴的关键在于促进城乡融合发展。农业合作社作为现代农业经营组织的一种形式，其带动产业和小农户的效果如何是乡村振兴与脱贫攻坚有效衔接、取得实效的关键因素。由于部分产业扶贫项目存在短期化、同质化现象，且现有产业扶贫项目多为政府推动，导致市场作用发挥不充分、持续性较差、升级迭代难等问题。因此，如何在乡村振兴中结合本土实际情况，采取差异化战略，以产业融合发展为契机，不断创新和完善农户与合作社等现代农业经营主体的利益联结机制，形成地方优势主导产业，使农户在产业振兴中获得更多实惠，实现增收致富，的确需要仔细在农村一线解剖，通过问需于民、问计于民的实地调查才能破解难题。

二、研究意义

通过梳理我国合作社发展脉络，了解贵州省合作社发展历程，重点以世行六期项目毕节市大方县、织金县，遵义市赤水市、习水县、桐梓县为研究区，通过分析合作社带动效果梳理合作社促进乡村振兴与脱贫攻坚的政策逻辑、理论机制和理论高度，为现代农业经营组织促进乡村振兴与脱贫攻坚有效衔接奠定了良好的理论基础。

以科学理论为指导，利用成熟的经济学理论、农业经济理论和经营组织理论，通过文献梳理，对项目区合作社的实施方案、工作机制等相关材料和质量进行核查和甄别。将项目合作社及项目涉及区各级政府部门、村级干部、家庭农场、农业企业、农户等作为调研对象，通过问卷调查、访谈、实地考察等形式开展实地调研。收集5个市（县）300份以上的有效问卷，分析统计结果，了解参与合作社是否帮助其脱贫致富、提高农业收入、降低生产成本、改进生产方式等方面的具体情况。通过总结普遍性问题，整理典型案例，提炼优秀发展经验，为制订更科学有效的农业产业发展政策、促进农民持续增收、优化农业经营组织模式提供参考。

在巩固脱贫攻坚成果和实施乡村振兴战略衔接的重要阶段，课题组深入农村一线进行调研，对项目区合作社的发展情况进行了解，对其带动农户发展的覆盖面和广度进行了解，对其带动农户增收的效果进行了解，对其带动农业规模化、产业化、现代化的具体情况进行深入分析，同时还了解了合作社发展困难和问题，结合本土实际，为创新和完善合作社利益联结机制，形成地方优势主导产业，促进农民持续增收提出了对策建议。

三、研究目的

本书的研究采用定性与定量相结合的方式开展，结合文献分析法、案例分析法、调查法、相关性分析等方法，通过对世行六期项目贵州项目区毕节市大方县、织金县，遵义市赤水市、习水县、桐梓县所涉及的农业合作社发展现状进行研究，了解合作社在自身发展过程中遇到的问题，总结项目型合作社的发展经验；了解他们在带动农户共同开展生产经验过程中存在的问题、困难，找到其中的原因，提出相应的对策建议；总结提炼合作社在提升贫困对象生产发展能力、实现脱贫增收的举措，并进行推广应用；深入了解合作社在农业技术推广应用中发挥的作用，为实现农业技术现代化寻找较好的推广模式。

通过对该项目的研究，一方面，进一步探索合作社带动小农户进行农业产业化发展，并实现在贵州省内推广应用，实现农业产业高效发展，促进贵州省农业产业结构优化调整，持续带动农村低收入群体实现增收致富；另一方面，进一步探索合作社与其他经营主体利益链接模式，为贵州省农业组织化发展提供参考借鉴，提升农民组织化经营程度，促进农业市场化发展进程，提升农业技术推广应用的效果，提升农业现代化发展水平，实现乡村振兴战略中产业振兴的目标。

总之，通过研究探索适宜贵州省农业产业发展的合作社发展模式及利益链接模式，为促进合作社助力脱贫攻坚与乡村振兴有效衔接，助力实现农业现代化，推进山地农业高质量发展提供实践样板。

四、研究对象及内容

本书的研究对象为世行六期项目贵州项目区毕节市大方县、织金县，遵义市赤水市、习水县、桐梓县的项目合作社。主要针对合作社在实现乡村振兴和促进区域产业发展、打造新业态过程中的战略规划和示范带动性作用进行研究。以农民专业合作社与集体经济合作社带动农户发展，构建完整产业链、提高可持续促农增收开展研究。

五、研究方法

（1）文献法。

本书研究相关文献和政府文件。收集中央和地方政府关于农业合作社的政策实施方案的政策文件、公开新闻报道。收集国内外学者关于现代农业经营组织脱贫攻坚与乡村振兴有机衔接的前期研究文献，掌握现代农业经营组织方面的政策逻辑、理论机制以及制度安排。收集了解其他省区市在乡村振兴战略实施过程中合作社等现代农业经营组织的成功经验，分析共性因素，比较其经验和教训，为探索合作经营组织促进乡村振兴与脱贫攻坚有效衔接模式提供参考。

（2）案例分析法。

本书重点对研究区政策实施方案和典型案例进行剖析。收集当地关于现代农业经营组织发展的典型案例资料，并对案例历史、具体政策、发展模式、发展特色、成功经验等进行总结。同时，根据课题调研要求，在研究区选取有代表性且可以借鉴的现代农业经营组织案例，进行再剖析，深入挖掘现代农业经营组织的经验做法、特色亮点和主要成绩，以总结具有可推广意义的典型案例。对典型案例的深度挖掘将重点考虑但不限于以下主题：组织发展、建设运营、带动作用、支持方式等。此外，通过案例分析的方法，高度概括现代农业经营组织调研样本的总体成效、经验做法和典型特色，并从扶贫效果、乡村振兴手段、政策措施等角度，对现代农业经营组织促进乡村振兴与脱贫攻坚有效衔接的经验做法和典型特色进行归纳总结。

（3）调查法。

在文献研究的基础上，本书将项目合作社及项目区各级政府部门、村级干部、家庭农场、农业企业、农户等作为调研对象，通过问卷调查、访谈、实地观察等形式，重点围绕现代农业经营组织的发展模式、产业发展、建设与运营、带动农户、政策支持、经济效益等内容，以及农户的经济社会情况、在经营组织实施过程中的参与度、满意度、受益程度和在不同经营模式中的适应性等方面进行全方位、系统的深度调查；同时了解当前农村实体经济发展存在的主要问题以及经营主体的发展诉求。通过真实、客观的调研数据资料，掌握农业农村发展的真实情况，分析现代农业经营组织发展的现状、问题等。

（4）定量分析法。

从宏观和微观角度本书对农业企业、合作社带动农业产业发展及农户发展生产的效果进行客观、科学评价。

第二章

农业合作社研究现状

农业合作社是一种互助性经济组织，由农民、经纪人或公司等主体自愿组成，旨在提高成员的农业生产效益和经济效益。合作社通常具有明晰的产权、规范的治理结构和有效的决策机制。合作社的类型多样，可以根据产品类型、成员特征、地域等进行分类。农民专业合作社是以农村家庭承包经营为基础，提供农产品销售、加工、运输、贮藏以及与农业生产经营有关的技术、信息等服务来实现成员互助目的的经济组织。

在理论与实践中都充分证明了合作社在完善农村基本经营制度、减贫机制、环境保护，促进小农户与现代农业发展有机衔接、乡村产业发展、农民增收，保障粮食安全和提高生产效率等方面发挥着重要作用。然而，由于我国合作社发展走的是“先发展、后规范”的路子，数量增长与质量提升的失衡使合作社发展整体水平不高[①]，甚至陷入“低水平合作的恶性循环”[②]。在此现实背景下，合作社治理机制、经营绩效与组织结构成为合作社研究的重点。

在我国，农民专业合作社作为一种特殊的现代农业经营组织形式，兼具效益与公平的双重性。在党和国家关于指导乡村发展、促进乡村振兴的工作中，农民专业合作社在推动农业发展、带领农民脱贫致富、协调农业

---

① 任大鹏、陈吉平、吕晓娟：《农民合作社治理僵局：何为、为何与何如》，载于《农村经济》2022年第12期。

② 朱富强：《作为合作组织的企业：本质特性、基本目标、治理机制和组织原则》，载于《经济学家》2012年第4期。

资源、促进农业现代化等方面，发挥着不可替代的作用。随着乡村振兴战略的持续推进，农民合作社迅猛发展。根据农业农村部发布的数据，截至2022年3月底，全国在册农民合作社达222.2万个，成员总户数超过1亿户。在此背景下，合作社功能、治理、绩效、组织结构等问题日益成为政学两界关注的重要问题。

第一节　农业合作社治理与经营结构研究

农业合作社作为农业产业化的重要组织形式，在提高农民收入、促进农业产业化进程方面具有积极作用，而治理结构与经营结构是农业合作社稳定和发展的关键因素。近年来，国内外学者对农业合作社治理与经营结构进行了广泛研究，取得了丰硕成果。

一、农业合作社治理结构研究

农业合作社治理结构主要涉及社员参与、董事会和监事会制度等方面。现有研究多从社员参与程度、董事会和监事会制度的设立与运作等方面展开。例如，Smith（2000）认为，社员参与治理能够提高他们的满意度和归属感，从而增强合作社的凝聚力①。而国内学者赵明等（2015）则发现，过度的社员参与可能导致决策效率下降，对合作社绩效产生负面影响②。此外，张伟等（2018）研究表明，合理的董事会和监事会制度能够显著提高合作社的治理效率和经营绩效③。总体而言，农业合作社治理主要呈现出契约治理与关系治理两种重要的治理机制。

---

① Smith, D. R., & Foster, G. R., Member participation and governance structure in agricultural cooperatives. *Journal of Cooperatives*, Vol. 3, No. 5, April 2000, pp. 149 – 164.

② 赵明、王思、吕新业：《社员参与对农业合作社绩效影响的实证分析——基于河北省的调查数据》，载于《中国农村观察》2015年第5期。

③ 张伟、刘涛、胡晓晖：《董事会和监事会制度对农业合作社治理效率的影响研究——基于江苏省的调查数据》，载于《中国农村观察》2018年第5期。

首先是契约治理。崔宝玉等（2017）认为，将合作社的契约治理定义为利用理事会、监事会和社员代表大会以及股权分配、盈余分配、职责与奖惩等对社员的权利和利益通过正式契约予以保障，并以此来激励社员的合作制度安排与机制；将合作社的关系治理定义为主要是通过信任、共同目标和价值观等来增强和社员的沟通，对冲突进行灵活处理和限制权力的运用，以及利用熟人社会的声誉机制来限制社员的投机行为的非正式制度安排，是一种依赖于社员信任、组织认同和情感依赖的治理机制[①]。Bai 等（2016）分析了合作社契约治理的影响因素，主要包括合作社与龙头企业之间的合作时间、资产专用性、龙头企业规模、信息获取能力、合作社有效控制的资源规模等[②]。于滨铜、王志刚（2023）指出契约治理主要功能在于帮助农户规避价格风险，并减轻道德风险和自然风险的影响[③]。郭利京、仇焕广（2020）认为在实践中，契约治理通过订单农业、产前合同形成了产权合同的内部交易体系，促进了农业产业化经营[④]。

其次，中国农村是熟人社会，这在一定程度上构成了关系治理的重要基础。胡平波（2013）指出，声誉制度可以弥补正式制度的不足，激励合作意愿较弱的农民参与合作，减少农民的机会主义行为[⑤]。农业产业化的研究中，有学者指出，关系治理对促进履约行为、提升合作绩效和完善收益分配有着重要作用。在实践中，由于农村市场交易缺乏与正式治理相契合的社会环境，使关系治理成为重要治理机制。合作社治理机制是合作社有效运营的关键，万俊毅等（2020）通过对七个地级市的 221 家农业合作社的问卷调查，指出合约治理不仅对合作社经营绩效产生直接的正向影响，还能通过促进关系治理间接提升经营绩效，合约治理与关系治理存在互补

---

① 崔宝玉、程春燕：《农民专业合作社的关系治理与契约治理》，载于《西北农林科技大学学报（社会科学版）》2017 年第 17 期。

② Bai, X., Sheng, S., Li, J. J. Contract governance and buyer - supplier conflict: The moderating role of institutions. *Journal of Operations Management*, No. 41, April 2016, pp. 12 - 24.

③ 于滨铜、王志刚：《关系治理、契约治理与农业产业生态系统演进》，载于《管理世界》2023 年第 39 期。

④ 郭利京、仇焕广：《合作社再联合如何改变农业产业链契约治理》，载于《农业技术经济》2020 年第 10 期。

⑤ 胡平波：《农民专业合作社中农民合作行为激励分析——基于正式制度与声誉制度的协同治理关系》，载于《农业经济问题》2013 年第 34 期。

而非替代关系[1]。

契约治理和关系治理具有不同的治理机制与功效，在不同交易情境下可能表现出替代或是促进的关系[2]，两者的不同组合很可能对经营绩效产生不同的影响，保障不同生命周期合作社治理的整体有效性[3]。崔宝玉、程春燕（2017）在交易成本分析框架下分析合作社治理后得出结论：随着农民专业合作社的发展，合作社对核心社员的关系治理程度总体上会由高向低变化，对普通社员的关系治理程度的变化则相反；对核心社员和普通社员的契约治理程度都会呈现出增强趋势；就合作社整体治理而言，契约治理成本会随着合作社的规模扩大而不断下降，关系治理成本则相反，因而关系治理最终会让位于契约治理[4]。

二、农业合作社经营结构研究

农业合作社经营结构的研究方法以案例研究为主，通过对实际案例的分析和归纳，总结出农业合作社经营结构的特点、优势与不足。此外，文献综述还涉及了定量研究和定性研究等方法。例如，Bardhan 等（2004）采用了定性和定量相结合的方法，通过对合作社的组织结构和治理机制进行评估并得出相关结论[5]。

农业合作社经营结构的研究主要集中在内部治理、运营模式和产业链整合等方面。首先，内部治理研究主要涉及社员代表大会、董事会和监事会等组织机构的设立、职能和运作等方面。Bardhan 等（2004）通过对印

---

① 万俊毅、曾丽军：《合作社类型、治理机制与经营绩效》，载于《中国农村经济》2020 年第 2 期。

② 万俊毅、敖嘉焯：《企业间交易治理机制研究述评与展望》，载于《外国经济与管理》2013 年第 35 期。

③ 崔宝玉：《农民专业合作社的治理逻辑》，载于《华南农业大学学报（社会科学版）》2015 年第 14 期。

④ 崔宝玉、程春燕：《农民专业合作社的关系治理与契约治理》，载于《西北农林科技大学学报（社会科学版）》2017 年第 17 期。

⑤ Bardhan，P.，Park，Y. J.，& Uphoff，R. W. Governance structures and management practices of agricultural producer cooperatives：Evidence from Indonesia. *World development*，Vol. 9，No. 32，April 2004，pp. 1619 – 1638.

度尼西亚的农业合作社进行研究，发现合理的组织结构和治理机制可以提高合作社的管理效率和社员满意度①。其次，运营模式研究主要关注农业合作社的运作方式、生产管理、市场营销等。例如 Porter（2014）通过对瑞士的农业合作社进行研究，发现合作社通过纵向协作与互动，可以实现资源共享、风险共担，提高整体竞争力②。

农业合作社经营结构同时也涉及农业产业链整合与风险管理、农业技术创新与推广以及农业品牌建设与市场营销等方面。学者们普遍认为，农业合作社应通过整合产业链、加强风险管理来提高竞争力，并积极推动农业技术创新和品牌建设。例如，组织架构方面，刘涛（2018）提出合作社应通过纵向一体化和横向联盟等方式整合产业链，降低成本并提高效率③。而在管理制度方面，王鹏等（2022）则发现，农业合作社应该建立完善的管理制度，包括激励和约束机制，以提高社员的积极性和降低合作社的风险④。农业技术创新能够显著提高合作社的技术水平和生产能力，进而提升其绩效水平。此外，文化理念作为农业合作社经营结构的重要组成部分，逐渐受到研究者的关注。近年来，一些学者开始探讨农业合作社文化理念的定义、内涵及其对合作社发展的影响。例如，张华（2016）提出，农业合作社的文化理念应该包括团结、创新和诚信等方面，这些理念对于提高合作社的凝聚力、促进其持续发展至关重要⑤。

通过对文献的综述和分析，发现农业合作社经营结构的关键要素包括产权结构、治理结构、运营模式和产业链整合等方面。同时，现有成果通过对实际案例的分析和研究主要得出以下结论：合理的产权结构和治理结构可以提高农业合作社的管理效率和社员满意度；有效的运营模式能够降

---

① Bardhan, P., Park, Y. J., & Uphoff, R. W.. Governance structures and management practices of agricultural producer cooperatives: Evidence from Indonesia. *World development*, Vol. 9, No. 32, April 2004, pp. 1619 - 1638.

② Porter, G.. Agricultural cooperatives and rural development: Evidence from the United Kingdom. *Journal of Rural Cooperation*, Vol. 4, No. 50, April 2014, pp. 59 - 71.

③ 刘涛：《土地流转、路径创新与合作社的发展走向——基于河南省农民专业合作社的调研》，载于《中国农民合作社》2018 年第 5 期。

④ 王鹏：《高邮市兴旺禽业产销专业合作社 科技创新提质量 示范带动作表率》，载于《中国农民合作社》2022 年第 3 期。

⑤ 张华：《泗县加快农机专业合作社建设的做法与思考》，载于《基层农技推广》2016 年第 4 期。

低成本、提高收益；产业链整合可以实现资源共享、风险共担，提高整体竞争力。

第二节 合作社功能与绩效研究

一、农业合作社的功能研究

在目前对于合作社功能的相关研究中，学者主要聚焦于合作社的经济功能。农民合作社根植、生发于乡村，与农户有着天然的交织，其在优化配置资源、提升农户内生动力、加快内源发展转向等方面发挥着不可替代的作用①，具有广泛的“群众性”和天然的“扶弱性”②。袁骏林（2023）通过西部欠发达地区的1551个样本，实证分析得出参加合作社能够为农户带来显著的收入效应③。刘同山等（2020）认为，合作社以开放的成员制度和市场化的经营方式，通过发展生产、提高农民组织化程度来改善农民经济状况④。现有的观点主要认为，农民合作社为农民创造了增收机会⑤，增强了农民在信贷、销售渠道和农业技术上的可得性⑥，提高了其自主、自立发展的能力，因而能够帮助农民提高收入、改变农产品销售方式⑦、采纳先进技术⑧。有学者指出合作社发展的意义应当更多地在于其在引领

---

① 秦德智、何梦丹、邵慧敏：《农民合作社反贫困绩效研究》，载于《当代经济管理》2019年第41期。

②④ 刘同山、苑鹏：《农民合作社是有效的益贫组织吗?》，载于《中国农村经济》2020年第5期。

③ 袁俊林：《农民合作社减贫的农户收入效应及其异质性——基于内生转换回归模型的实证分析》，载于《中国农业资源与区划》2023年第44期。

⑤ Wanyama，F.，P. Develtere，& I. Pollet，Encountering the Evidence：Cooperatives and Poverty Reduction in Africa，Belgium：*Catholic University of Leuven.*，April 2008.

⑥ Birchall，J.，& R. Simmons，Cooperatives and Poverty Reduction：Evidence from Sri Lanka and Tanzania，*Oldham*：*Co-operative College*，April 2009.

⑦ 王孝璱、崔宝玉：《农民合作社电商采纳行为分析——基于整合的技术采纳模型》，载于《农业现代化研究》2023年第44期。

⑧ 万凌霄、蔡海龙：《合作社参与对农户测土配方施肥技术采纳影响研究——基于标准化生产视角》，载于《农业技术经济》2021年第3期。

农业升级、带动农民与现代农业有机衔接中发挥的辐射带动作用[①]。例如，刘二阳等（2023）指出，农民合作社在促进乡村整体发展方面发挥了重要的示范带动作用[②]。同时，许多学者将“培育和发展农民合作社”作为促进产业融合的必要对策[③]。其原因在于一体化经营的合作社往往比农民单家独户实现产业融合更具资源整合能力[④]，比农业企业更能结合当地特色，有利于实现产供销环节的联合[⑤]。其作用不仅在于提高农民收入，推动农业产业链的延伸、农业多功能的拓展，还可以促进农村新业态的不断涌现[⑥]。

除经济功能外，也有一些文献关注了合作社的非经济功能。刘同山等（2020）指出，加入合作社能够增强社员的社会联系，削减他们遭受的社会排斥与社会性贫困，增加主观幸福感以及生活满意度[⑦]。也有学者认为，合作社在成员集体意识唤醒和集体行动塑建等方面发挥作用[⑧]。在研究合作社非经济功能时，学者注意到合作社不仅对社区利益整合、社区公共产品供给等方面产生了重要影响，还能凭借其经济影响力，通过参与乡村民主选举、参与村务公开等方式渗透到乡村政治生活，改变了农村社区治理结构[⑨]。

近年来，随着对合作社功能的不断研究，有学者关注到合作社的“意外”功能。刘同山等（2020）认为，无论是收入增进等经济功能还是集体行动培育等非经济功能，对于具有企业与共同体双重属性的合作社而言，

---

① 高远东、李卉、宫梦瑶：《金融支持、社会资本与农民合作社的辐射带动能力》，载于《农村经济》2021 年第 4 期。

② 刘二阳、刘雨欣、郭翔宇：《资本禀赋对农民合作社示范带动效应的影响研究》，载于《农业经济与管理》2023 年第 4 期。

③ 李俏、贾春帅：《合作社带动农村产业融合的政策、动力与实现机制》，载于《西北农林科技大学学报（社会科学版）》2020 年第 20 期。

④ 张静、张梅：《国外农业合作社的金融支持模式及启示》，载于《世界农业》2014 年第 2 期。

⑤ 徐旭初：《农民专业合作社发展辨析：一个基于国内文献的讨论》，载于《中国农村观察》2012 年第 5 期。

⑥ 李云新、戴紫芸、丁士军：《农村一二三产业融合的农户增收效应研究——基于对 345 个农户调查的 PSM 分析》，载于《华中农业大学学报（社会科学版）》2017 年第 4 期。

⑦ 刘同山、苑鹏：《农民合作社是有效的益贫组织吗?》，载于《中国农村经济》2020 年第 5 期。

⑧ 赵昶、董翀：《民主增进与社会信任提升：对农民合作社“意外性”作用的实证分析》，载于《中国农村观察》2019 年第 6 期。

⑨ 阎占定：《嵌入农民合作经济组织的新型乡村治理模式及实践分析》，载于《中南民族大学学报（人文社会科学版）》2015 年第 35 期。

都是应有之义，其实并不“意外”。赵昶等（2019）认为，农业合作社制度设计的“意外性”体现在它能够满足农民发展生产之外的社区事务参与和社会交往的需求。崔宝玉（2022）将“意外”功能定义为：超越组织本身应有功用边界的功能，体现为对外部乡村社会的增益效应①。对于“意外”功能的研究主要着眼于合作社的乡村治理功能②、农村社会治理功能等方面③。农业合作社的功能研究，逐渐从其经济型功能向其综合型、社会型功能转变。

二、农业合作社的绩效研究

有关合作社绩效的研究得到了学者的广泛关注。合作社绩效主要是从合作社财务绩效、效率、社员收益和成本绩效、社员满意度等方面衡量。一部分学者关注盈余分配方式对于合作社绩效的影响。韩旭东等（2020）从新制度经济学的视角出发，通过对706个合作社样本的实证研究指出，不同盈余分配方式都能够显著提升合作社经营绩效，公平且有效率的盈余分配方式的增收效应最明显④。周振和孔祥智（2015）通过案例分析得出结论，合理的盈余分配方式能够激励要素所有者对要素的投入，从而促进合作社经营规模的扩张，进而提高合作社经营绩效⑤。一部分学者从合作社内部治理角度探究其对合作社绩效的影响。万俊毅和曾丽军（2020）指出，合约治理不仅对合作社经营绩效产生直接的正向影响，还能通过促进

---

① 崔宝玉、马康伟：《合作社能成为中国乡村治理的有效载体吗？——兼论合作社的意外功能》，载于《中国农村经济》2022年第10期。

② 于福波、张应良：《基层党组织领办型合作社运行机理与治理效应》，载于《西北农林科技大学学报（社会科学版）》2021年第21期。

③ 赵昶、董翀：《民主增进与社会信任提升：对农民合作社“意外性”作用的实证分析》，载于《中国农村观察》2019年第6期。

④ 韩旭东、李德阳、王若男等：《盈余分配制度对合作社经营绩效影响的实证分析：基于新制度经济学视角》，载于《中国农村经济》2020年第4期。

⑤ 周振、孔祥智：《盈余分配方式对农民合作社经营绩效的影响——以黑龙江省克山县仁发农机合作社为例》，载于《中国农村观察》2015年第5期。

关系治理间接提升经营绩效①。刘同山等（2015）通过对195个样本的结构方程分析后发现，合作社内部监督制衡是影响合作社绩效的重要因素②。也有一部分学者关注了合作社外部环境对合作社绩效的影响。崔宝玉等（2023）基于安徽省395家国家级示范社的监测数据指出，政府扶持对于合作社绩效具有显著的正向影响，这种影响在不同类型的合作社之间存在异质性，且这种影响要发挥作用在合作社规模上存在门槛效应③。梁巧等（2014）基于147家合作社的调研数据发现，合作社外部社会关系网络对合作社绩效具有显著正向影响④。

第三节　农业合作社带动作用研究

农业合作社在农村经济发展中具有重要意义，其作用不仅体现在提高农民收入、增强农业竞争力上，还对推动乡村产业兴旺、促进农村社会和谐稳定等方面具有积极影响。针对农业合作社带动作用的研究方法，主要有以下三种：一是案例分析法。通过对典型案例的分析，深入了解农业合作社的带动作用及其实现机制⑤。二是计量分析法。运用统计学方法和计量经济学模型，对农业合作社带动作用的定量关系进行实证研究。三是文献综述法。通过对相关文献的梳理和评述，系统总结农业合作社带动作用的研究成果和不足。关于农业合作社带动作用的研究，当前主要集中在以下几个方面。

---

① 万俊毅、曾丽军：《合作社类型、治理机制与经营绩效》，载于《中国农村经济》2020年第2期。

② 刘同山、孔祥智：《治理结构如何影响农民合作社绩效？——对195个样本的SEM分析》，载于《东岳论丛》2015年第36期。

③ 崔宝玉、马康伟、刘艳：《政府扶持能增进农民合作社的绩效吗？——来自皖省395家国家级示范社的证据》，载于《农村经济》2023年第7期。

④ 梁巧、吴闻、刘敏等：《社会资本对农民合作社社员参与行为及绩效的影响》，载于《农业经济问题》2014年第35期。

⑤ Sakina, F., & Waters, L. Agricultural cooperatives and rural social progress: Evidence from Ethiopia. *Journal of Cooperatives*, Vol. 3, No. 29, April 2014, pp. 67 – 80.

一、农业合作社对农民收入的带动作用

农业合作社可以通过多种方式增加农民收入。首先，农业合作社可以统一销售农产品，提高农产品的附加值和市场竞争力；其次，农业合作社可以提供技术培训、市场信息和金融服务等，帮助农民提高生产技能和市场意识；最后，农业合作社可以促进农民之间的合作和交流，降低生产风险，提高抗风险能力。温雪等（2019）认为，农业合作社能够提高农民的组织化程度，增强其市场地位，从而获得更好的销售价格和更广阔的市场空间，进而增加农民收入[①]。Porter（2014）通过对英国农业合作社的研究发现，农业合作社可以提升农民收入、提高农产品附加值和市场竞争力[②]。王亚飞等（2014）通过对山东地区的农业合作社进行研究，发现农业合作社可以显著提升农民的收入水平。通过统一销售农产品、提供技术培训和市场信息服务等手段，进一步提高农民的收入水平和生活质量[③]。然而，也有学者指出，由于一些农民参与度不高，农业合作社的带动作用存在一定的局限性[④]。

二、农业合作社对农业生产的带动作用

农业合作社的发展对于提高农业生产效益和促进农村经济发展具有重要意义。国内外的学者从不同角度研究了农业合作社的发展历程、现状及其在农业生产中的作用。农业合作社可以通过多种方式提高农业生产效率。首先，农业合作社可以统一采购生产资料、技术和销售渠道，降低生产成

---

① 温雪、范雅静、李琪：《农户参加农民专业合作社对其收入和金融资产的影响研究》，载于《财经理论与实践》2019 年第 40 期。

② Porter, G.. Agricultural cooperatives and rural development: Evidence from the United Kingdom. *Journal of Rural Cooperation*, Vol. 4, No. 50, April 2014, pp. 59 – 71.

③ 王亚飞、黄勇、唐爽：《龙头企业与农户订单履约效率及其动因探寻——来自 91 家农业企业的调查资料》，载于《农业经济问题》2014 年第 35 期。

④ Johnson, T.. Agricultural cooperatives and rural development: A review of international experience. *Journal of Rural Cooperation*, Vol. 2, No. 53, April 2018, pp. 37 – 50.

本，提高农产品的质量和附加值；其次，农业合作社可以促进农业技术的推广和普及，提高农民的技术水平和生产能力；最后，农业合作社可以加强农民之间的协作和交流，降低生产风险，提高抗风险能力。

Chan（2015）通过对中国某地区农业合作社的研究发现，农业合作社能够提高农业生产效率和技术水平，增加农民收入[①]。郭红东等（2017）从组织绩效的角度，研究了农业合作社在不同地区和不同产业中的表现，结果表明农业合作社对于提高农民收入和降低生产成本具有积极作用[②]。马改艳（2023）通过对福建地区的农业合作社进行研究，发现农业合作社在提高农业生产效率方面具有显著作用，通过提供技术培训和市场信息服务等手段，增加了农民的收入和生产效益[③]。

农业合作社对农业产业化的带动作用方面，Johnson 等（2018）的研究结果显示农业合作社能够促进农业生产的规模化、标准化和专业化，推动农业技术的推广和应用，进而提高农业生产效益[④]。然而，也有学者指出，在这个过程中要注重保护农民利益，避免出现剥削现象。

三、农业合作社对农村发展的带动作用

农业合作社不仅可以提高农业生产效率、增加农民收入，还可以促进农村经济增长。首先，农业合作社可以带动农村相关产业的发展，如农产品加工、运输、销售等；其次，农业合作社可以促进农村劳动力的转移和就业，提高农村的就业率和劳动生产率；最后，农业合作社可以推动农村的工业化和现代化进程，提高农村的经济实力和竞争力。

多数学者认为，农业合作社能够带动农村的全面发展，包括推动乡村

---

① Chan, K. . Impact of agricultural cooperatives on agricultural production efficiency and income of smallholder farmers in China. *Agricultural Economics*, Vol. 2, No. 25, April 2015, pp. 123 – 134.

② 郭红东、郑传芳、陈英等：《农业合作社的组织绩效与地区差异——基于全国 500 个农户的调查》，载于《中国农村经济》2017 年第 6 期。

③ 马改艳：《加入合作社对农户绿色生产技术采纳的带动效应——基于福建柚农的调查数据》，载于《中国农业资源与区划》2023 年第 10 期。

④ Johnson, L. . Agricultural cooperatives and rural development: Evidence from the United States. *Journal of Rural Cooperation*, Vol. 4, No. 53, April 2018, pp. 347 – 364.

产业兴旺、促进农村社会和谐稳定、提高农民生活水平等。然而，也有学者指出，这是一个长期的过程，需要各方面的共同努力①。雷鹏等（2017）通过对河北地区的农业合作社进行研究，发现农业合作社通过带动相关产业的发展、促进农村劳动力的转移和就业等方式，进一步促进农村经济的增长和发展②。

四、农业合作社对成员的带动作用

首先，农业合作社对成员生产的带动作用主要体现在以下三个方面：一是提高生产效率，通过联合生产、统一采购和销售，降低生产成本；二是提高产品质量，通过标准化生产、统一技术指导和管理，提高产品的质量和竞争力；三是增加收益，通过社员之间的互助合作、资源共享和利益共享，增加社员收益。例如，米松华等（2014）以浙江省为例，研究了农业合作社对成员生产的带动作用，结果表明农业合作社对于提高社员生产效率、增加收益和降低生产成本具有积极作用③。

其次，农业合作社对成员销售的带动作用主要体现在以下三个方面：一是提高销售价格，通过统一销售和品牌打造，提高产品的附加值和市场竞争力；二是扩大销售渠道，通过多元化的销售渠道和网络，增加产品的销售量和市场占有率；三是降低销售成本，通过批量采购和直接销售，降低产品的流通成本和市场交易成本。例如，张天佐等（2020）以河北省为例，研究了农业合作社对成员销售的带动作用，结果表明农业合作社对于提高社员销售价格、扩大销售渠道和降低销售成本具有积极作用④。

最后，农业合作社对成员技能培训和交流的作用主要体现在以下三个

---

① Johnson, T.. Agricultural cooperatives and rural development: A review of international experience. *Journal of Rural Cooperation*, Vol. 2, No. 53, April 2018, pp. 37 - 50.

② 雷鹏、周立、魏丽莉：《成员异质性、组织启动成本与在地化金融演化——基于河北两案例比较分析》，载于《农村经济》2017 年第 7 期。

③ 米松华、黄祖辉、朱奇彪：《新型职业农民：现状特征、成长路径与政策需求——基于浙江、湖南、四川和安徽的调查》，载于《农村经济》2014 年第 8 期。

④ 张天佐、张晓山、赵铁桥等：《公司领办农民合作社——基于河北省金沙河农作物种植专业合作社的典型案例评析》，载于《中国农民合作社》2020 年第 10 期。

方面：一是提高社员技能水平，通过统一的技术培训和管理培训，提高社员的农业生产技能和管理能力；二是促进信息交流，通过社员之间的交流和分享，增加社员对于市场信息、技术信息和政策信息的了解和把握；三是增强社员之间的联系和信任，通过合作交流和互帮互助，增强社员之间的联系和信任，提高社员的凝聚力和向心力。例如，蔡荣等（2017）以鲁陕两省为例，研究了农业合作社对成员技能培训和交流的作用，结果表明农业合作社对于提高社员技能水平、促进信息交流和增强社员之间的联系和信任具有积极作用①。

通过对现有研究的梳理和分析，我们可以看到农业合作社在提高农民收入、降低生产成本、促进农业技术创新和优化农业产业结构等方面具有积极作用。然而，同时也存在一些制约因素，如内部管理不规范、人才和技术缺乏等。因此，未来研究可以从以下三个方面展开：一是深入研究农业合作社内部的治理结构、运作机制及其与外部环境的互动关系；二是加强农业合作社绩效评估和监督能力的研究；三是研究如何借鉴国际经验，推动我国农业合作社的国际化发展等。

第四节　不同类型合作社功能作用差异对比

合作社作为一种重要的经济组织形式，在国内外农业领域中占据举足轻重的地位。学界认为，合作社的主要类型包括生产型、流通型和服务型，它们在功能作用方面存在显著的差异。通过对生产型、流通型、服务型农业合作社等不同类型合作社的功能作用进行深入了解和分析，我们可以更好地把握合作社的本质和运作机制，为其可持续发展提供有力支撑。

第一，生产型合作社的功能作用。生产型合作社是一种以农业生产者为主体，通过联合经营方式实现规模经济和范围经济的组织形式。国内外学者对生产型合作社的研究主要集中在以下两个方面：首先，提高农民收

---

① 蔡荣、易小兰：《合作社治理的成员态度与参与行为——以鲁陕两省 672 位果农调查为例》，载于《农业技术经济》2017 年第 1 期。

入方面。生产型合作社通过组织农户进行专业化生产，统一采购生产资料、销售农产品，降低了生产成本和交易费用，提高了农民收入水平。Smith 等（2018）发现，加入生产型合作社的农户相较于非成员，每公顷收益提高了 20%[①]。其次，农业技术推广与创新方面。生产型合作社通过引进新技术、新品种，促进农业技术创新与推广，提高了农业生产效率和产品质量。

第二，流通型合作社的功能作用。流通型合作社是一种主要负责农产品流通领域的合作社，通过整合物流、信息流和资金流，降低农产品流通成本，提高农产品市场竞争力。以下是关于流通型合作社的主要研究：首先，农产品流通模式的优化方面。流通型合作社通过构建新型农产品流通模式，缩短流通环节，降低流通成本，提高农产品流通效率。例如，田野（2016）认为，流通型合作社在整合产业链、优化流通模式方面具有显著优势[②]。其次，农产品质量与安全方面。流通型合作社通过实施严格的质量监控措施，保证了农产品的质量与安全，提高了农产品市场竞争力。例如，周殿昆（2010）指出，流通型合作社在保障农产品质量安全方面具有积极作用[③]。

第三，服务型合作社的功能作用。服务型合作社是一种为社员提供农业生产及其他服务的合作社，包括农资供应、农机服务、农业科技服务等。以下是关于服务型合作社的研究：首先，农业社会化服务供给方面。服务型合作社提供多元化的农业社会化服务，满足了农户在生产过程中的各种需求，提高了农业生产效率。例如，刘志成（2018）对湖南省水稻种植农户的研究发现，加入服务型合作社的农户在农资采购、农机服务等方面相较于非成员获得了更多便利[④]。其次，农业生产的科学化与专业化方面。服务型合作社通过提供农业科技服务，推广先进的农业技术和设备，推动了农业生产的科学化和专业化。在对中国农业合作社的研究中发现，加入服务型

---

① Smith, D. R., & Foster, G. R.. Member participation and governance structure in agricultural cooperatives. *Journal of Cooperatives*, Vol. 3, No. 5, April 2000, pp. 149 – 164.

② 田野：《农民专业合作社流通服务功能发挥的影响分析》，载于《农业技术经济》2016 年第 2 期。

③ 周殿昆：《农产品流通与农民合作社发展相关性分析》，载于《中国流通经济》2010 年第 24 期。

④ 刘志成：《农民专业合作财务会计规范影响因素分析》，载于《农业经济》2018 年第 3 期。

合作社的农户在农业生产技术和设备方面相较于非成员更加科学和专业化[①]。

种植合作社、养殖合作社、农业综合合作社以及农业产业化联合体等的功能作用差异对比。首先，种植合作社的功能作用。种植合作社是一种专门从事农作物种植的合作社[②]。种植合作社的功能主要包括提高农民市场地位、降低生产成本、改善产品质量等[③]。此外，种植合作社还可以通过技术创新和推广，提高农业生产效率，增加农民收入[④]。其次，养殖合作社的功能作用。养殖合作社是一种专门从事畜牧业和水产业等养殖业的合作社[⑤]。养殖合作社的功能主要包括提高农民收入、保障食品安全、促进畜牧业和水产业发展等[⑥]。养殖合作社面临的问题包括动物疫病、市场需求不稳定和环保压力等[⑦]。再次，农业综合合作社的功能作用。农业综合合作社是一种综合性的农业合作社，涵盖了农作物种植、畜牧业、水产业等多个领域[⑧]。农业综合合作社的功能主要包括提高农民收入、促进农业产业化、推动农村发展等。农业综合合作社的优点包括资源共享、风险共担、效益共创等，可以更好地服务农民和农村经济发展[⑨]。最后，农业产业化联合体的功能作用。农业产业化联合体是一种新型的农业合作组织

---

① 合肥工业大学研究者：《中国合作养猪户安全生产行为的决定因素——基于合作社服务视角的证据》，载于《美食周刊聚焦》2018 年。

② 颜华、张琪：《农民合作社再联合提升了经济绩效吗？——基于黑龙江 332 家种植类农民合作社的调研》，载于《农林经济管理学报》2023 年第 22 期。

③ 李庆海、徐闻怡：《农民合作社对棉花种植户减贫增收的影响》，载于《世界农业》2021 年第 10 期。

④ 冯娟娟、霍学喜：《何种合作社治理模式更加有效？——以苹果种植户合作社为例》，载于《华中农业大学学报（社会科学版）》2017 年第 6 期。

⑤ 李婵娟、左停：《“嵌入性”视角下合作社制度生存空间的塑造——以宁夏盐池农民种养殖合作社为例》，载于《农业经济问题》2013 年第 34 期。

⑥ 姜斐然：《内生型农村资金互助模式探究——基于山东省蒙阴县农民专业合作社的实证分析》，载于《西南民族大学学报（人文社会科学版）》2011 年第 32 期。

⑦ 季晨、贾甫、徐旭初：《基于复衡性和绩效视角的农民合作社成长性探析——对生猪养殖合作社的多案例分析》，载于《中国农村观察》2017 年第 3 期。

⑧ 广西财政厅课题组、唐际明：《完善广西农业综合开发扶持农民专业合作组织的政策研究》，载于《经济研究参考》2013 年第 59 期。

⑨ 肖琴、李建平、李俊杰等：《财政扶持农民专业合作社的瞄准机制研究——基于东部某市农业综合开发产业化经营项目的思考》，载于《农业经济问题》2015 年第 36 期。

形式，它是为了实现农业产业链的整合和优化而建立的①。农业产业化联合体的主要功能包括提高农民收入、增强农业竞争力、推动农业产业化等。同时，它还可以通过与科研机构或高校等合作，推动农业科技创新和人才培养，从而提升农业产业的整体竞争力②。

第五节　本章小结

前面通过对农业合作社经营结构相关文献的综述和分析发现其研究主要集中在内部治理、运营模式和产业链整合等方面，取得了一定的成果但仍存在不足之处和研究空白：缺乏对不同类型、不同地区农业合作社经营结构的比较研究；缺乏定量研究以验证相关结论的普适性；对农业合作社经营结构的动态变化关注不足难以揭示其发展过程中的演化规律和趋势。因此，接下来的研究需要开展不同类型、不同地区农业合作社经营结构的比较研究以丰富和完善相关理论。

第一，采用定量研究方法验证已有理论成果的普适性。关注农业合作社经营结构的动态变化，揭示其发展过程中的演化规律和趋势，同时未来的研究方向应拓展多维度视角考虑更多影响因素，如政策环境、社员异质性等深入探究农业合作社经营结构的优化问题。另外，结合现代信息技术和方法研究农业合作社的数字化转型和发展趋势也是一个重要方向。这些研究可为农业合作社的发展提供理论和实践指导，具有重要价值。

第二，通过对现有研究的梳理和分析，我们可以看到农业合作社在提高农民收入、降低生产成本、促进农业技术创新和优化农业产业结构等方面具有积极作用。然而，同时也存在一些制约因素，如内部管理不规范、人才和技术缺乏等。因此，未来研究可以从以下三个方面展开：一是深入

---

① 姜启军、王凡：《农业产业化联合体协同效应分析——基于治理模式的视角》，载于《世界农业》2022 年第 8 期。

② 钟真、蒋维扬、赵泽瑾：《农业产业化联合体的主要形式与运行机制——基于三个典型案例的研究》，载于《学习与探索》2021 年第 2 期。

研究农业合作社内部的治理结构、运作机制及其与外部环境的互动关系；二是加强农业合作社绩效评估和监督能力的研究；三是研究如何借鉴国际经验，推动我国农业合作社的国际化发展等。

第三，通过对农业合作社带动作用研究现状的梳理和总结，我们可以得出以下结论：农业合作社对农民收入、农业产业化以及农村发展具有显著的带动作用。现有研究结果展示了农业合作社在提高农民收入、促进农业产业化及推动农村发展等方面的积极作用，但仍存在一些不足之处，如部分农民参与度不高、合作过程中可能出现剥削现象等。所以需要进一步定量研究农业合作社对农民收入、农业产业化的具体带动程度及其影响因素，为政策制定提供科学依据。探讨如何提高农民参与度，发挥其主体作用，促进农业合作社的持续发展。研究如何通过完善治理机制、优化政策环境等措施，防范和解决合作过程中的剥削问题，保障农民利益。结合现代化技术和新型商业模式，研究农业合作社的创新发展路径，以更好地适应市场需求和农村社会经济发展需要。

第四，通过对不同类型合作社功能作用的对比分析，我们可以发现不同类型合作社在提高农民收入、农业技术创新与推广、农产品流通模式优化、农产品质量与安全、农业社会化服务供给和农业生产的科学化与专业化等方面均发挥了重要作用。然而，研究仍存在一定空白和不足之处。例如，缺乏对不同类型合作社功能作用相互关系的深入研究，以及不同地区、不同类型合作社的普适性问题等。未来研究方向可包括探讨不同类型合作社之间的互动机制、不同类型合作社在不同地区的作用效果以及如何更好地发挥不同类型合作社的功能作用等。

第三章

我国农业合作社发展历程

第一节　1921～1949年农业合作经济发展情况

一、第一次国内革命战争时期（1924年1月至1927年7月）

合作社在中国共产党成立之初开始萌芽。1921年9月27日，由沈玄庐（即沈定一）等共产党人组织发起的第一个农村合作社——衙前农民协会在浙江省萧山县衙前村成立，发表了《衙前农民协会宣言》和《衙前农民协会章程》，自此，合作社作为一种新型的农民组织正式出现。1922年7月，中共二大通过了《关于工会运动与共产党的议决案》，其《附加议决案》明确规定，“工人消费合作社是工人利益自卫的组织，共产党需注意和活动此组织。”这是中国共产党关于合作社的第一个文件。同年9月，安源党组织在“安源路矿工人俱乐部”内组建并扩充了安源路矿工人消费合作社。这是中国共产党领导下的第一批合作社之一。在国共第一次合作后，合作社成为农民运动的重要组成部分，并取得初步发展。1924年7月3日，广州农民运动讲习所开学，通过“农村合作”课程，为合作社发展培养骨干，做足了理论准备，成为全国性的农民讲习所。1925年11月，《中国共产党告农民书》提及，“各级农民协会要在农村中办消费合作社。”1927年3月，毛泽东在《湖南农民运动考察报告》中指出，“合作社，特别是消费、贩卖、信用三种合作社，确是农民所需要的……”同年6月，中共中央农民部制定了《关于协作社之决议草案》，对办合作社的原则进行了全面阐述。

二、第二次国内革命战争时期（1927 年 8 月至 1937 年）

合作社在土地改革时期得到进一步发展。1927 年“四一二”反革命政变后，为解决农村劳动力和劳动工具短缺等问题，中国共产党号召农民积极组建合作社，并设立国民经济人民委员部专门负责合作社领导管理工作。合作社在当时以根据地重要经济组织形式存在，形成了耕田队、劳动互助合作社、犁牛合作社等主要生产合作组织。1930 年，闽西根据地上杭县才溪乡以村为单位，按自愿报名原则组建了耕田队，1931 年，扩大到以乡为单位的劳动互助合作社，成立了专门解决耕牛短缺问题的犁牛合作社。1930 年 2 月，中国共产党第一份针对农民群众的合作社宣传资料——《合作社讲授大纲》，由中共闽西特委正式发布。该大纲对合作社组织系统、原则、社员、分红及与政府的关系等问题展开了详细阐释。1932 ~ 1933 年，《合作社暂行组织条例》《合作社工作纲要》和《发展合作社大纲》3 个中华苏维埃临时中央政府文件相继发布。其主张以个体经济为基础，自愿组建耕田队、劳动互助社、犁牛合作社和消费合作社等。1934 年，南京国民政府的《合作社法》正式颁布。在 20 世纪二三十年代，晏阳初、卢作孚、梁漱溟等也尝试了农村合作社建设。蔡和森还曾给毛泽东写信道“无产阶级革命有四种利器，党、工会、合作社、苏维埃。”

三、抗日战争期间的农村合作社建设（1931 年 9 月至 1945 年 9 月）

合作社在抗日战争时期深受中国共产党重视。为解决根据地面临的经济问题，大力支持根据地的合作社运动。1939 年 9 月 27 日，新华日报社论《论合作社》指出，“合作社，在敌后抗战的经济战线上，曾起过重大作用。”1939 年 10 月，陕甘宁边区合作社第一次代表大会通过了《陕甘宁边区合作社第一次代表大会决议》。1941 年，晋察冀边区行政委员会制定颁布了《晋察冀边区合作社法草案》，该草案是抗日根据地首次颁布的一部比较完整的合作社法规。1942 年 12 月，陕甘宁边区高级干部会议召开，毛泽东在会上作了《经济问题与财政问题》和《论合作社》的报告，提出了“发展经济，保障供给”的方针。1943 年 11 月，中共中央招待陕甘宁边区模范英雄大会召开，毛泽东在会上作了《组织起来》的讲话，高度评价了抗日根据地的合作社，并指出“目前我们在经济上组织群众的最重要形式，就是合作社”。1943 年，耿长锁农业生产合作社作为全国第一个农业生产合作社在河北省饶阳县诞生。1944 年 6 月，边区合作社联席会议召开，会上通过了《陕甘宁边区合作社联席会议决议》，强调“合作社……是在私有财产的基础上各阶层人民大众联合经营的经济的文化的卫生的公益事业组织。”抗战期间，合作社在晋察冀、陕甘宁、晋冀鲁豫等抗日根据地发展迅速。数据显示，仅晋察冀等抗日根据地，合作社数量从 1938 年的 14 个增加到 1940 年的 5056 个，再到 1945 年的 7401 个①。

四、解放战争时期的合作社建设（1945 年 9 月至 1949 年 9 月）

合作社在解放战争时期得到继续发展。1948 年 7 月 25 日，新华社社论《把解放区的农业生产提高一步》指出，为了提高解放区的农业生产，应在自愿结合、等价交换等基础上组织一切农村人民进行互助合作，尤其是组织中农和贫雇农的互助合作。这一时期，除生产合作社、消费合作社外，供销合作社也取得较大发展。1948 年 9 月，《关于东北经济构成及经济建设基本方针的提纲》颁布强调，“如果没有广大的供销合作社作为桥梁和纽带，把小生产者与国营经济结合起来，无产阶级领导的国家就无法在经济中对千千万万的散漫的小生产者实行有力的领导，就不能顺利地进行新民主主义的国民经济的建设。”同年 12 月，中共中央东北局决定，“除了农业生产中的互助组织外，还必须在农村普遍地自上而下地建设供销合作

① 毕美家：《中国共产党领导合作社发展的百年历程和经验启示》，载于《中国农民合作社》2021 年第 7 期。

社。”当月，刘少奇在华北财政经济委员会会议上指出：“没有合作社，无产阶级就不能领导农民，不能实现无产阶级与农民的联合，这在新中国的经济建设中是一个带决定性的问题。”新中国成立前，关于农村合作社建设已有一定尝试。到1949年，毛泽东明确在中共七届二中全会上提出，“必须组织生产的、消费的和信用的合作社，和中央、省、市、区的合作社的领导机关。”中国人民政治协商会议第一届全体会议中《共同纲领》提道：“合作社经济为半社会主义性质的经济，为整个人民经济的一个重要组成部分，政府应扶助其发展，并给以优待。”1949年年底，除大区总社外，东北全区共建合作社8508个，其中省市社14个、县市社175个、基层社8319个，社员达528.7万人①。

第二节 1949～1978年农业合作经济发展情况

新中国成立后，中国共产党团结带领人民完成社会主义革命，确立社会主义基本制度，推进社会主义建设，为改善人民生活打下了坚实基础。自1950年冬起，一场规模空前的土地改革运动在新解放区展开。1952年冬，全国土地改革除台湾地区和部分少数民族地区外基本完成。然而，当时中国农业仍是落后分散的自给半自给的小农经济。在此背景下，加之受苏联农业集体化实践的影响，中共中央宣传部于1953年发布了《党在过渡时期总路线的学习和宣传提纲》，纲要指出，要以集体经营、集体所有替代“土改”后确定的小农经营、小农土地所有制，农业合作化运动在20世纪50年代逐步推开并迅速实现了既定目标。

一、从互助组到初级社

1949年11月1日，中央合作事业管理局成立。1950年7月，中华全

① 毕美家：《中国共产党领导合作社发展的百年历程和经验启示》，载于《中国农民合作社》2021年第7期。

国合作社联合总社成立。1951 年春，中央政务院发布《关于 1951 年农林生产的决定》，要求各地要以达到进一步提高生产为目的，加强领导互助合作运动，加强发展和巩固互助组。同年 9 月，全国第一次互助合作会议召开，会议通过了《关于农业生产互助合作的决议（草案）》。该决议明确了农村互助合作的三种组织形式：季节性和临时性的简单劳动互助、常年互助组、以土地入股为特点的农业生产合作社（初级社）。随着土地改革的全面推进，全国农业生产合作快速发展，各种形式的互助合作涌现。据统计，到 1952 年年底，全国成立互助组 802.4 万个，参加农民 4542 万户；成立农业生产合作社 3644 个，参加农户 59 万户①。

1953 年秋，随着过渡时期总路线的正式提出，农村互助合作发展方向由发展互助组转变为重点发展初级农业生产合作社。自此，全国农业合作化运动进入以发展农业生产合作社为主的轨道。1953 年 12 月，中共中央通过了《关于发展农业生产合作社的决议》，该决议指出，农业生产互助合作、农村供销合作和农村信用合作是农村合作化的三种形式，明确必须适当照顾单干农民生产积极性，发挥单干农民可能的生产潜在力量，帮助他们克服困难，引导他们逐步加入互助合作组织，同时强调无论何时何地，都必须根据农民自愿这一个根本的原则。1953 年，随着统购统销政策的颁布及中共中央《关于发展农业生产合作社的决议》的通过，全国掀起了大办农业社的热潮，初级农业生产合作社大量出现。据统计，到 1954 年年底，全国有初级农业生产合作社 49.7 万个②。到 1955 年年底，全国有半社会主义性质的初级农业生产合作社 67 万个③。

二、从初级社到高级社

1955 年 7 月 31 日，省、自治区、直辖市党委书记会议召开，会上毛泽东作了《关于农业合作化问题》的报告，指出“农村中不久就将出现一个全国性的社会主义改造的高潮，这是不可避免的”。同年 10 月，中共中央

---

①②③　毕美家：《中国共产党领导合作社发展的百年历程和经验启示》，载于《中国农民合作社》2021 年第 7 期。

召开了七届六中全会，会议通过了《关于农业合作化问题的决议》，认为合作化的高潮即将到来，初级社开始逐步转变为高级社；11月，《关于农业生产合作社示范章程草案》在全国人大常委会上通过，该草案从法律形式上进一步明确了农业生产合作社的集体经济组织性质。自此，初级社在全国农村进入发展高潮。到1955年年底，全国初级社的数量达190.5万个（其中高级社1.7万个），半年时间增加近125.5万个，全国农户中入社比例达63.3%①。

1956年1月，毛泽东主编的《中国农村的社会主义高潮》一书正式出版。之后，中共中央政治局制定了《一九五六年到一九六七年全国农业发展纲要》，第一届人大三次会议通过了《高级农业生产合作社示范章程》。自此，高级社在全国农村进入发展高潮。到1956年年底，全国有农业生产合作社75.6万个，入社农户11783万户，全国入社农户占比为96.3%。其中，高级社达54万个，全国入社农户占比为87.8%，到1957年达96%，初级社仅1.3%②。

三、从农业生产合作社到人民公社

1958年8月，中共中央政治局扩大会议在北戴河召开，认为“人民公社是加速社会主义建设和过渡到共产主义的一种最好的组织形式，并将发展成为未来共产主义社会的基层单位”，通过了《中共中央关于在农村建立人民公社问题的决议》。自此，全国人民公社化运动迅速展开并逐步达到高潮。12月底，全国2.6万个人民公社由原来的74万家农业社迅速改组完成，有1.2亿户农户参加公社，占总农户的比重达99%以上③，全国基本实现人民公社化。人民公社以新的农业生产经营主体身份正式“亮相”。1962年，“三级所有、队为基础”的人民公社管理体制基本形成。因此，农业生产合作组织已由合作化向集体化演变，逐渐异化为与合作的基本形态完全背离的高度集体化的经济体制。

①②③ 毕美家：《中国共产党领导合作社发展的百年历程和经验启示》，载于《中国农民合作社》2021年第7期。

第三节 1978～2012年农业合作经济发展情况

1978年，安徽小岗村率先实行“包产到户”，家庭联产承包责任制在全国逐渐推开。1983年10月，以各试点经验为基础，中共中央、国务院联合发布了《关于实行政社分开建立乡政府的通知》，决定废除人民公社，建立乡（镇）政府。1979年，《关于1984年农村工作的通知》废除了人民公社体制，提出“延长土地承包期一般应在15年以上”。自此，人民公社正式退出历史舞台。集体农业生产经营基本消失，取而代之的是以家庭经营为主的一家一户的分散的农业经营模式。家庭经营中农户必须直面市场，独立承担生产盈亏。随着市场经济的发展，小生产与大市场的矛盾逐渐显露，分散的农户较难与大市场快速对接，信息不对称、生产成本高、生产与销售脱节等问题突出。农民开始自觉主动联合，专业合作社、专业协会（当时俗称“新型农村合作经济组织”）产生。为了提高农业和农民的生产经营组织化程度，政府开始制订政策法规引导和规范。截至20世纪末，全国共有比较规范的农民专业合作社15万家。

一、农民自发发展阶段（20世纪80年代中期至90年代中期）

20世纪80年代中期，农村专业户的出现，使专业技术协会、专业技术研究会等一批具有合作制萌芽性质的合作组织自发出现并发展，它们有别于人民公社，是以我国农村基本经营制度为基础，主要提供技术、信息服务的合作组织。1984年中央一号文件提出“为了完善统一经营和分散经营相结合的体制，一般应设置以土地公有为基础的地区性合作经济组织”，这是第一次提到发展专业合作问题。随后，1985年中央一号文件在谈及农产品流通时提出“农民也可以通过合作组织或建立生产者协会，主动与有关单位协商签订销售合同”，强调要“按照自愿互利原则和商品经济要求，积极发展和完善农村合作制”，并以“地区性合作经济组织”为主要载体发展“农村合作制”。1987年年初，中共中央政治局会议又强调，“要支持农民组织起来进入流通”。随着农产品流通体制改革，农村专业技术协会有了较大发展，开始为成员提供仓储、运销等服务。这一阶段，得益于农民需求与中央政策，合作社发展迅速。据统计，1982～1994年全国农村以合作社、协会等名称出现的农民合作组织增长至12万多个，会员达450万人（户）[①]。

二、政府引导发展阶段（20世纪90年代中后期至2006年）

20世纪90年代中后期起，我国农产品供给呈现总量基本平衡，结构性、地区性相对过剩的新局面，农产品卖难和农民增收缓慢等问题突出。在此背景下，各级政府及有关部门寄希望于农民合作社，积极引导农民建立专业协会、专业合作社等。2004年中央一号文件强调“鼓励发展各类农产品专业合作组织、购销大户和农民经纪人”。同年，浙江省通过了《浙江省农民专业合作社条例》，这是国内第一部与合作社相关的省级地方性法规，对后续合作社相关的国家立法具有重要意义。2004～2006年，连续3年中央一号文件均明确表示了对发展农民专业合作组织的支持。2007年中央一号文件中，合作社首次被定位为“适应现代农业发展要求的经营主体”。同年7月，《中华人民共和国农民专业合作社法》正式实行，农民“合作组织”正式改称农民“合作社”。自此，农民合作社身份合法化。同时，也开启了合作社依法规范发展的新时代。

三、依法规范发展阶段（2007～2011年）

2006年，《中华人民共和国农民专业合作社法》在第十届全国人大常委会第二十四次会议上通过，正式实施日定为2007年7月1日。至此，中国农民专业合作社以法人身份参与市场活动。《农民专业合作社法》颁布

① 国务院发展研究中心课题组：《农民自组织的成长与约束》，载于《管理世界》1994年第6期。

实施后，国务院的《农民专业合作社登记管理条例》、财政部的《农民专业合作社财务会计制度（试行）》和农业部的《农民专业合作社示范章程》等一系列配套法规政策相继出台。此外，2007～2011年，连续5年的中央一号文件均提及了农民专业合作社相关问题。得益于一系列法律规范，中国农民合作社在这时期发展迅速。据统计，农民专业合作社数量从2007年年底的2.6万家增加到2011年年底的52.2万家以上①。

第四节　2012年至今农业合作经济发展情况

党的十八大以来，农民合作社受到以习近平同志为核心的党中央的高度关注。习近平总书记对此多次作出重要指示批示。2018年9月，习近平总书记在中共中央政治局第八次集体学习时强调，要突出抓好农民合作社和家庭农场两类农业经营主体发展，赋予双层经营体制新的内涵，不断提高农业经营效率。2020年，习近平总书记在吉林省考察时指出，鼓励各地因地制宜探索不同的专业合作社模式，把合作社办得更加红火。党中央和国务院对农民合作社法律法规和相关支持政策也进行了多次改进。2017年12月27日，《中华人民共和国农民专业合作社法》由全国人大常委会修订通过，并于2018年7月1日起实施，其中，增加了“农民专业合作社联合社”等内容。此外，多个中央一号文件对合作社发展给予了高度支持。2013年中央一号文件改“农民专业合作社”为“农民合作社”，引导合作社综合发展。2017年中央一号文件将“三位一体”（生产、供销、信用）重新载入农民合作社发展，强调“积极发展生产、供销、信用‘三位一体’综合合作”。2019年中央一号文件又明确提出了开展农民合作社规范提升行动。一时间，农民合作社得到较快发展，服务功能增强、业务范围拓展、服务水平提升，促进了农民组织化程度提高，推动农业适度规模经营。农业农村部数据显示，截至2020年11月，全国农民合作社达224.1

---

① 国务院发展研究中心课题组：《农民自组织的成长与约束》，载于《管理世界》1994年第6期。

万家。农民合作社加强社际联合，通过共同出资、共创品牌、共享收益，组建联合社1.3万余家，社均带动12个单体合作社。截至2022年5月底，全国登记在册的农民合作社数量为222.7万个。

基层村委党建引领建社，促进了农民合作社规范化发展。山东省烟台市合作社发展形成了“烟台路径”。2007年，山东烟台的11个村进行党支部领办合作社试点，到2019年的“千村覆盖工程”，2020年实现了全域推进提升。2020年年底，山东烟台市有党支部领办合作社3045个。此外，全国还有广东省“党组织+村经济联合社+公司+合作社+农户”模式、贵州省毕节市推行的“大党建统领大扶贫”等。农民日报社推出的2022年中国“500强”农民合作社（以下简称“‘500强’农民合作社”）资料显示，“500强”农民合作社注重加强党组织建设，2021年成立基层党组织的农民合作社177个，占比为35.4%，比2019年增长4个百分点，近两年成立基层党组织的农民合作社数量呈现递增态势。“500强”农民合作社注重把党的组织优势和合作社的产业优势结合起来，积极推动农民合作社建章立制，调动广大成员参与运营管理，不断提升规范化水平。同时，产业化发展效果显著，不断显现集约经营的优势，服务能力、抗风险能力和市场竞争力逐步增强。

但这一阶段的农业合作社发展也存在一些困难和问题。一方面，农业合作社的吸引力在逐渐降低。虽然农业合作社具有经济整合和获取政府外部支持功能，但在现阶段的农业经济发展状况下，由于先进农业机械化工具等生产工具和传统农业生产技术劳动力的互补性不大，仍有越来越多的农户选择直接外包服务满足农业生产需要。另一方面，农业合作社发展迅速，数量大但质量不高，存在“三个1/3”的现象：1/3的“空壳社”、1/3的“僵尸社”、1/3的能够运转①。即使能够运转的合作社也普遍缺乏营销策划、市场需求分析等能力，在农产品仓储物流、技术服务、精深加工等环节能力薄弱，三次产业融合不够，农产品价值增值略显不足。当前，我国农业合作社整体呈现“小、散、弱”的特点，绝大部分仍未实现规模化和

---

① 张庆亮：《中国共产党百年合作社实践与探索：发展历程、经验教训与未来展望》，载于《学术界》2021年第6期。

专业化的发展水平。从表 3 – 1 可以看出，平均成员数、平均农产品销售额、平均经营收入、平均可分配盈余均在下降。如此一来，此类合作社要想实现内部专业化分工显得极为困难。总之，这一阶段的农业合作社发展取得了很大进展，但仍存在诸多不足。

表 3 – 1　　农业合作社各平均值指标比较

年份	2012	2015	2020
平均成员数	70	45	31
平均农产品销售额（全部农业合作社）	83.48	58.89	31.93
平均农产品销售额（农林牧渔合作社）	97.65	67.83	34.78
平均统一购买农业生产投入品总值	30.58	20.61	11.96
平均经营收入	—	43.58	29.23
平均可分配盈余	9.17	7.07	4.14
各级财政平均专项扶持资金	17.14	13.64	32.63

注：2012 年数据根据《2012 年全国农村经营管理统计资料》数据计算，2015 年数据来源于《中国农村经营管理统计年报（2015 年）》，2020 年数据来源于《中国农村合作经济统计年报（2020 年）》。以全部农民专业合作社的数据来计算农产品销售额平均数有不合理性，因为包含不销售农产品的服务业合作社以及其他合作社，所以本书同时采用了农林牧渔这四类销售农产品的合作社来计算社均农产品销售额，两者得出的趋势一致。除第一行平均成员数之外，其他数据单位为万元。

资料来源：何秀荣：《农业合作社的起源、发展和变革》，载于《社会科学战线》2022 年第 10 期。

第五节　本章小结

我国农业合作社的发展是依托中国国情的发展而推进的，与中国共产党的历史进程有着密不可分的关系。从中国共产党成立之初的合作萌芽，到土地改革时期以根据地重要经济组织形式形成的生产合作组织的发展，到抗日战争时期的合作社运动，再到解放战争时期的合作社建设，农民合作化自觉意识逐步形成。这一阶段，合作社的尝试与探索积累了许多经验，为新中国成立后农村合作社的发展提供了丰富的理论指导和实践借鉴。

新中国成立后，社会主义基本制度确立，全国土地改革基本完成，为解决当时落后分散的自给半自给的小农经济问题，中国共产党带领广大农户进行农业合作化运动。从互助组到初级社、高级社，再到人民公社，短短10余年间，农业合作化既定目标迅速实现，农业生产合作组织的合作化基本形态也逐步向高度集体化。

改革开放后，人民公社制度被废除，家庭联产承包责任制在全国推开，以家庭经营为主的农业经营模式占据主导地位。市场经济逐步恢复发展，农户直面市场的问题出现，农户开始自觉联合建社，同时为了提高农民组织化程度，政府开始制订政策法规引导和规范合作社，我国第一部合作社法颁布实施。

合作社法颁布实施后，一系列法律规范出台，农业合作社在这一时期迅速发展，得到了政府极大的支持，投入了较大财力。党的十八大以来，农业合作社的发展更是受到以习近平同志为核心的党中央和国务院的高度重视。然而，农业合作社在蓬勃发展中也逐渐暴露出规范难、效益差、运营人才匮乏等问题，甚至出现“僵尸社”“空壳社”等现象。当前，我国农业合作社整体“小、散、弱”，绝大部分难以达到规模化和专业化水平。只有直面这些问题，引导农户提升合作意识，在较好的市场条件和制度环境下，才能实现农业合作社可持续发展。

中国共产党领导下的合作社百年探索实践历程为未来中国农业合作社发展指明了方向。坚持以人民为中心的发展思想，坚持党的正确领导，坚持用科学的马克思主义合作理论为指导，坚持集体经济发展，以实现共同富裕为目标，重构合作体系，创新合作社发展模式，走出一条具有中国特色的农业合作社发展道路。

第四章

贵州省农业合作社发展概况

第一节　贵州省农业专业合作社发展趋势

一、贵州省农业合作社发展脉络

贵州省农业合作社的发展经历了多个阶段。

（一）起始阶段（1949~1953年）

1949年，贵州省开始实行土地改革，废除封建土地所有制，实行农民土地所有制。这一时期的农业合作社主要是以农民自愿、互利互惠为原则，以推进农业生产和提高农民收入为目的的劳动互助组织。

（二）发展阶段（1953~1958年）

从1953年开始，贵州省农业合作社进入了一个新的发展阶段。这一阶段以农业合作化运动为中心，由初级农业合作社向高级农业合作社发展。在政策环境方面，国家颁布了一系列的法规和政策来推动农业合作化运动。在组织架构方面，贵州省开始建立起省、地、县、乡各级农业合作社组织。同时，在管理模式方面，贵州省开始实行民主管理、按劳分配等制度。

（三）挫折阶段（1958～1978年）

在“大跃进”和“文化大革命”期间，贵州省农业合作社的发展受到了严重的挫折。这一时期，农业合作社被解散，大量的农民失去了土地和生产资料。直到1978年改革开放以后，贵州省农业合作社才重新得到了发展。

（四）改革开放阶段（1978年至今）

自1978年改革开放以来，贵州省农业合作社得到了全面的恢复和发展。在土地流转方面，贵州省开始实行家庭联产承包责任制，使农民拥有了土地使用权和经营权。这促进了土地的合理流转，使一些有能力的农民开始经营农业合作社。

（五）发展黄金阶段（2007年至今）

中央对“三农”问题越来越重视，在政策的支持下，农民专业合作社发展迎来黄金时期，这一阶段涌现出了各种类型的农民专业合作社，这些合作社在实现脱贫攻坚及乡村振兴上发挥了巨大的推动作用。同时，贵州省还积极推进农业产业化经营，通过政策扶持和引导，鼓励农民组建各种类型的农业合作社。目前，贵州省的农业合作社已经涵盖了种植、养殖、林业、渔业等多个领域。

通过以上阶段的梳理，可以看到贵州省农业合作社的发展经历了多个阶段，不同阶段的政策和组织形式都有所不同。但总体来说，农业合作社一直是贵州省农村经济发展的重要推动力量，在促进农民增收、改善农村环境、推进农业现代化等方面都发挥了积极作用。

二、贵州省合作社数量变化

从整体来看，随着农村经济的快速增长和农村变革进程的加速，贵州省大力推进多种现代农业经营组织方式发展，其中农民合作社已成为农业生产经营和服务的重要力量之一。贵州省统计局资料显示，近8年来，贵州省农民专业合作社数量总体呈先增后降的趋势，2015～2022年一共增长了4.08万户，年均增长0.58万户。分阶段而言，贵州省农民专业合作社呈先升后降的趋势，从2015年的2.34万户增长至2019年的6.69万户，其增长的原因是2017～2019年，贵州省连续3年制定了详细的发展目标，争取在每个村都设置了农民专业合作社，在政府的相关政策引导和大力支持下，2015～2019年贵州省农民专业合作社发展迅猛，许多乡镇都建立了合作社，社员数量也大幅增加。合作社的发展，带动了乡村产业振兴，提供了乡村就业机会，吸引年轻人回乡创业。2019年的6.69万户下降至2022年的6.42万户（见图4－1），主要受到清理空壳社、小社整合成为大社的影响，在2019－2022年期间贵州省农民专业合作社数量逐年降低。

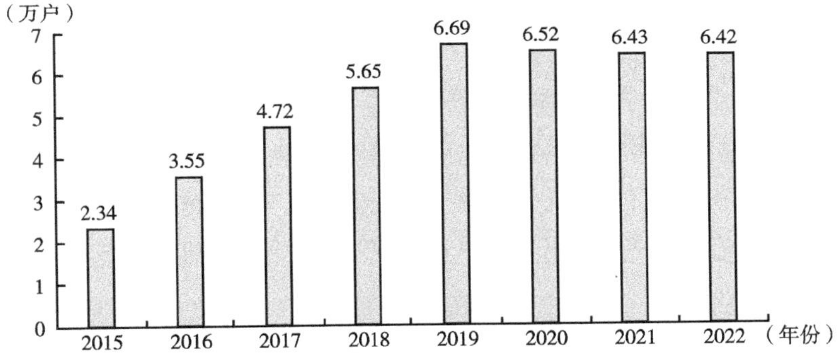

图4－1　贵州省2015～2022年农民专业合作社数量

第二节　贵州省农业合作社发展现状

一、产业结构不断调整优化

贵州省农村产业结构经过不断调整，2019年开始重点发展茶叶、食用菌、蔬菜、牛羊、特色林业（竹、油茶、花椒、皂角等）、水果、生猪、中药材（石斛）、刺梨、生态渔业、辣椒、生态家禽12个农业特色优势产业，构建现代农业产业体系，在组织形式上构建现代农业经营体系和利益链接模式，目前合作社作为重要的组织形式已覆盖所有特色优势产业，2019－2023年在全省农业合作社规模整合、数量较少的情况下，贵阳市、六盘水市和铜仁市在上半年期间农民合作社数量有所增加，应得益于特色优势产业的迅速发展。

二、利益联结模式不断增加

贵州省农民专业合作社发展模式正从单一的“合作社＋农户”向多元化方向发展，涌现出大户（能人）带领型、企业主导型、村支两委牵头领办型、产业联合型等合作社发展模式，初步构建了多产业、多形式、多领域、多层次的农村经济发展格局。全省大力推广的“龙头企业＋合作社＋农户”生产经营组织方式，也把千家万户的小农生产联结起来，实现小农户和大服务的对接，推动农村经济从粗放量小、“提篮小卖”和“户自为战”向集约规模、现代商贸物流和产业发展共同体转变，探索了小农户与现代农业发展有机衔接的崭新途径。农户的收入途径也在不断增加，将土地流转给合作社，并进行农产品生产，既可以获得土地租金，又能够获得股份分红，同时农户在合作社务工，还能够获得一部分务工收入。

三、农民专业合作社质量亟待强化

通过对比10多年农民专业合作社数量可以发现，我国在合作社建设方面日新月异，但是在质量建设方面仍需要进一步加强。2022年，贵州省农民专业合作社中，全国示范性合作社59家，同比增加14家，占比达0.092%；省级示范合作社436家，同比减少113家，占比达0.68%。

从图4－2可知，2022年贵州省国家级农民专业合作社有59家，其中毕节市有11家，位居全省第一，占比达18.64%；六盘水市及黔西南州各有10家，位居全省第二，占比均为16.95%；黔东南州仅有2家，排在全省最后，占比仅为3.39%。

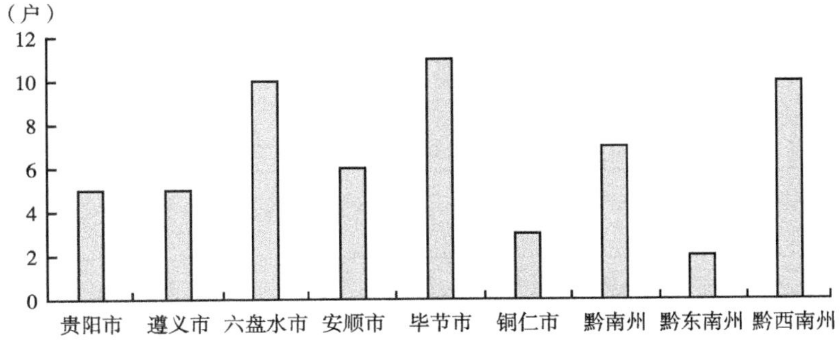

图4-2　2022年贵州省国家级农民专业合作社示范社数量

从图4-3可知，2022年贵州省省级农民专业合作示范社数量最多的是铜仁市，其次是遵义市、六盘水市，其数量分别是68家、63家、60家，数量最少的是贵阳市及安顺市，分别为18家及30家。

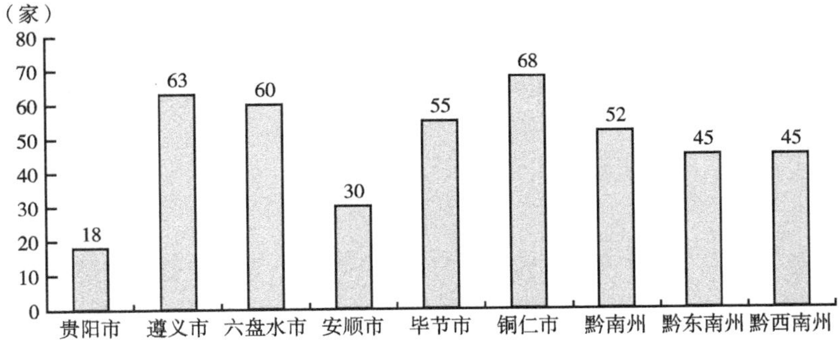

图4-3　2022年贵州省省级农民专业合作社示范名单数量

四、各地区农民专业合作社发展水平差异明显

根据表4-1，从地域分布上看，贵州省农民专业合作社覆盖了全省88个县（市、区）的1262个乡（镇）。从横向来说，2019～2023年上半年毕节市和铜仁市农民专业合作社户数最多，均在11000户以上，贵阳市户数最少，仅在2800户左右，贵阳市由于城市化水平较高，农业所占比例较少。从纵向而言，2022年遵义市、安顺市、毕节市、黔西南州、黔

东南州、黔南州合作社都较219年有所减少，可能是由于合作社之间不断整合、清除僵尸社等原因导致。相较于2019年，2022年贵阳市、六盘水市和铜仁市的农民合作社数量有所增加。

表4-1　2019~2023年上半年贵州省各地区农民专业合作社户数

年份＼地区	贵阳市	六盘水市	遵义市	安顺市	毕节市	铜仁市	黔西南州	黔东南州	黔南州
2019	2802	4164	7641	4203	14755	11294	5114	9420	6529
2020	2826	4159	7234	3984	13862	11881	5305	9116	6497
2021	2796	4215	7317	3943	14080	11945	4784	8994	5918
2022	2833	4312	7440	3955	14234	12154	4525	8751	5667
2023年上半年	2841	4328	7493	3983	14355	12162	4515	8737	5567

数据来源：贵州省统计局。

总体而言，贵州省农民合作社产业结构不断优化，利益链接模式不断增加，农民通过合作社得到的收益效果凸显，辐射带动效应趋势明显在扩大，但是合作社的规模有所缩小，数量呈先增后降的趋势，各地区间的发展水平差异较大。

第三节　贵州省农民专业合作社发展制约因素

贵州省作为中国西南地区的农业大省，农业合作社的发展对于提升农村经济发展和促进农民增收具有重要意义。然而，贵州省农业合作社在发展过程中面临诸多困难因素，亟待解决。本书将针对贵州省农业合作社发展的内外部制约因素进行深入探讨。

一、内部制约因素

贵州省农业合作社发展的内部制约因素主要表现在以下五个方面。

（一）组织机构设计不完善

贵州省的农业合作社普遍在成立之初主要是为了应对农业生产的需要，但是在组织构建上缺乏科学的规划设计，导致组织机构设置不合理，职能分工不明确。部分合作社没有设立必备的部门，如财务部、技术部、市场部等；存在部门之间的工作职责重叠的问题，导致合作社运营效率低下；部分合作社缺乏明确的财务管理制度，导致账目混乱，甚至出现财务纠纷，也降低了合作社贷款融资的能力。不仅会导致合作社内部管理混乱，也会影响成员对于合作社的信任和参与度。

（二）专业人才较为短缺

农业合作社的运营和发展需要不仅需要懂农业的农技带头人，更需要运营、财务和营销的专业人才。然而，贵州省农村农民专业合作社的经营者和社员主要年龄分布段为40－65岁，其受教育年限普遍较短，文化程度偏低，大多数人的学习生涯仅仅停留在初中、高中阶段，缺乏现代管理理念和创造性的思考，更缺乏对外部市场形势变化的认知，不能根据外部市场的突然转变做出正确选择。贵州省农业合作社普遍存在人才短缺的问题。这不仅制约了合作社的创新能力和市场竞争力，还可能影响其长期发展潜力。较多合作社因为缺乏专业管理和技术人才，缺乏专业的财务和运营管理人才，也缺乏农业技术和农产品加工人才，难以形成具有核心竞争力的特色产品。此外，由于缺乏营销人才，合作社可能无法提升品牌知名度和市场占有率，导致产品在市场上的竞争力不足。

（三）缺乏民主决策机制

农业合作社成员大多为熟人关系，生产生活的空间距离较近，如果农业合作社缺乏民主决策机制，导致决策过程不透明、成员参与度低，不仅会影响成员对于合作社的信任，还可能引发成员对于合作社的不满，影响合作社的生产运营效果。部分合作社在重大决策的制定过程中没有充分征求成员的意见，导致决策缺乏民主性和科学性，影响成员的参与度和积极性。部分合作社的理事会、监事会成员吸纳的普通小农户代表人数不足，合作社事务决策权力集中于少数几个人，事务决策流程也不规范。部分合作社在利益分配方面没有合理的制度，导致成员之间的利益分配不均，影响成员的积极性。

（四）资金支持缺乏

贵州省农业合作社在发展过程中面临着资金短缺的困境。全省多数农民专业合作社没有雄厚的资金支撑后续发展，发展资金多数来源于自筹资金或是项目拨款，这些支持在很大程度上不足以长期满足合作社的运营需求，但又很难获得金融机构或者投资机构的资金支持。资金缺乏使得合作社难以开展实质性的经营活动，现在许多合作社处于困难状态，经营性收入有限，限制了其发展潜力。部分合作社因为资金不足，无法引进先进的生产技术和设备，无法提高生产效率和产品质量；或者因为资金不足，无法开展市场推广和品牌建设，导致市场竞争力不足。

（五）技术设备落后

农业合作社作为农业生产合作组织，应该在先进技术和设备上有示范带动作用，但现实却是合作社在技术应用和升级方面存在较多困难。由于农业利润较低、风险太多，同时融资能力较弱，资金有限，大多数合作社的技术水平落后和管理方法陈旧，导致合作社无法有效提高生产效率和产品质量，缺乏技术支持还可能使得合作社在市场竞争中处于不利地位。某些合作社因为缺乏技术人才和管理经验，无法有效地进行产品研发和创新，导致产品缺乏市场竞争力；或者因为缺乏技术支持，无法解决生产过程中的技术难题，导致生产效率低下和质量不稳定，导致农产品销售市场受限，销售价格不稳定。

这些内部发展问题不仅会影响贵州省农业合作社的发展质量和发展速度，还会影响贵州省农村经济的发展和农民收入的提高。

二、外部制约因素

贵州省农业合作社发展的外部支持不足问题主要表现在以下三个方面。

（一）自然环境恶劣

贵州省地形起伏，山地占比高，导致耕地分散，农业布局分散，农业生产易受气候变化和自然灾害的影响。贵州省大部分的乡村处于深山之中，由于地形复杂、交通不便，加上运输成本较高、储藏保鲜能力不足，使得农产品的运输和销售存在困难，合作社难以实现规模化的生产效益。此外，贵州省由于地形和气候原因，工程性缺水问题严重，且水利基础设施薄弱，农业灌溉用水成本较高，导致农业生产面临较大的挑战。这些自然环境因素不仅影响了农作物的生长和产量，还制约了农业合作社的发展潜力。

（二）市场竞争激烈

随着国内外市场竞争日益激烈，贵州省农业合作社面临着巨大的压力。由于信息不对称和市场机制不完善，合作社可能无法及时了解市场需求和价格变化，导致收益不稳定。同时，合作社的品牌建设滞后，缺乏市场认可度，导致产品在市场上的竞争力不足。此外，贵州农业生产成本高、规模小、机械化水平低，与其他省份的相比，规模效应不够突出，生态优势利用不够充分，导致在市场竞争中农产品没有价格优势也没有品牌优势，在激烈的市场竞争中难以获得一席之地。

（三）政策措施不完善

政策上对于合作社的支持较多，但落实到具体措施上还不够明确清晰。政府部门或者金融、保险机构对于合作社的发展支持措施上与合作社的发展还存在信息不对称和脱节的状态，合作社负责人对各管理部门和服务机构关于农业合作社的奖补措施、政策优惠、金融支持和保险保障等方面的政策措施了解不清晰，不具备合理使用政策的能力，政策的落地推广“最后一公里”问题仍然较为突出。比如，当前贵州省的农村信用体系还不够完善，不能满足新农村信用社等新经济组织的发展要求，缺少融资公司的担保，难以满足银行的放款标准；加上合作社在财务管理上不规范，自身的财务报表、经营收支流水不完善，合作社自身贷款能力也较弱。

综上所述，贵州省农业合作社在发展过程中面临着内外部多方面的制约因素，为了应对这些挑战并实现可持续发展，合作社需要系统性地提升经营能力和竞争实力，需要学习先进的合作社建设发展经验。

第四节　本章小结

根据本章内容，可以看出贵州省农业专业合作社的发展现状呈现出以下几个主要特点：1. 数量与规模方面，贵州省的农业专业合作社数量正在持续增长，涵盖了越来越多的农业领域。这些合作社的规模也在逐步扩大，开始提供更广泛的服务，如农产品加工、市场营销和金融服务等。2. 地域分布方面，贵州省的农业专业合作社在地域分布上相对集中，主要位于经济较为发达、农业基础较好的地区。3. 带动效应方面，农业专业合作社通过将小农户引入现代农业体系，有效地提高了农业生产效率，增加了农民收入，同时也促进了农村经济的增长。4. 政策支持方面，贵州省政府为农业专业合作社提供了有力的政策支持，包括税收优惠、融资支持、技术培训等，进一步推动了合作社的发展。5. 面临的问题方面，尽管贵州省农业专业合作社发展迅速，但仍面临着内外部诸多挑战，如组织管理不够规范、人才短缺、融资困难等。总体看来，随着乡村振兴战略的深入实施，以及农业供给侧结构性改革的推进，合作社有望在提高农产品质量、优化农业结构、拓宽销售渠道等方面取得更大的发展，贵州省农业专业合作社亟需在规范化、专业化、市场化方面继续努力，寻找学习样板，取长补短，这也是本书后面章节的研究目的之一，通过深入分析世行六期项目的合作社发展情况，为贵州省合作社建设运营提供一些参考。

第五章

世行六期项目贵州示范区合作社发展现状

国务院扶贫办与国家发改委、财政部、世界银行达成协议，选择乌蒙山片区的四川、云南、贵州3省和六盘山片区的甘肃、宁夏2省（区）的26个县作为项目区，以“发展高效、生态、高附加值产业，促进贫困片区农业产业结构调整；实现生态环境保护和贫困农户可持续增收；试点、示范并推广在中国贫困片区开展产业扶贫的方式和方法”为总目标，实施世行贷款中国贫困片区产业扶贫试点示范项目（即世行贷款第六期扶贫项目，以下简称“世行六期项目”）。

“世行六期项目”中贵州项目区涉及贵州省乌蒙山集中连片特困地区的2市5县（遵义市的赤水市、习水县、桐梓县，毕节市的大方县、织金县），共覆盖30个乡镇，主要通过支持合作社发展来带动农户实现增效、促进产业发展壮大。项目的实施起到了以点带面促进专业合作社规范化和带动产业发展的引领作用，世行六期项目贵州示范区合作社发展现状从世行贷款及六期项目合作社资助与发展概况、合作社理事长调研情况、合作社社员调研情况及实证分析、村支两委深度参与合作社调研情况等方面详细介绍了世行六期在贵州合作社发展的情况。

第一节　世行贷款及六期项目资助与发展概况

一、世行贷款发展概况

中国是世界银行发起国之一，1980 年恢复合法席位，1981 年开始实施贷款项目，2010 年成为仅次于美国和日本的第三大股东国。随着中国经济的快速发展，农业合作逐渐从单向发展援助转变为双向互动的多层面、多渠道的合作共赢。为进一步开展知识共享方面的合作，2012 年 12 月世行成立了“世界银行－中国发展实践知识中心”，该中心将从中国国情出发，吸收借鉴其他国家的发展经验，研究中国发展的瓶颈问题，提出高质量、有价值的政策建议；系统研究总结中国的发展实践，并向国际社会推介；同时帮助推动国内各地方进行经验交流。自 1980 年中国与世界银行开展农业合作至今已有 30 多年，双方在合作过程中积累了丰富的经验，为此对世界银行与中国农业合作的趋势进行文献总结分析十分必要。

（一）世界银行农业贷款项目合作成效研究

中国利用世界银行贷款开展的农业合作项目普遍具有公共物品和准公共物品的特征，私人投资一般不愿进入，世界银行项目贷款的投入正好弥补了这一资金缺口。宋磊（2014）指出根据以往的合作经验，农业合作项目不仅提高了地方项目办的管理水平，引领了项目区创新示范，促进了项目区农民脱贫，而且还把先进的市场经济意识、市场运作方式带入了贫困地区，对促进当地经济持续发展奠定了基础①。谢世清、李丽霖等（2014）提出在农业制度改革方面，世行农业项目也引入了综合扶贫开发理念、推行“用者付费”理念、开展农业综合开发模式、实施“三位一体”同步改

① 梁甜甜、唐兵、宋磊：《农村土地信托流转的法律思考》，载于《法制博览（中旬刊）》2014 年第 1 期。

水等先进制度[①]。为提高项目合作质量，世界银行还向中国提供包括政策建议系列、特别出版物、行业和专题文件系列以及成功实践系列的知识支持。可见，中国与世界银行的合作成效是显著的、综合的。

（二）世界银行农业贷款项目数量及数额变化研究

世界银行对中国贷款项目主要集中在环境、交通、城市发展、农村发展、能源、水资源管理和人类发展等领域，其中农业类项目承诺贷款总额占所有项目承诺贷款总额的比例为18.8%。根据对世行国别战略的合作项目分时期统计，自20世纪80年代以来，4个时期农业类项目承诺贷款额占对应时期所有项目承诺贷款额的比例分别为20.8%、21.7%、8.8%和22.7%，除第三个时期外，其他3个时期农业类项目贷款占比均带动了世行整体农业类项目贷款占比。进一步分析发现，在不同时期，农业类合作项目的年均项目数及年均承诺贷款额均呈先增后降又增态势；比较第四个时期与第一个时期，农业类项目的年均项目数增长率为105.7%，而年均承诺贷款额增长率仅为98.8%。从平均趋势看，世行对中国农业类合作项目数量的增长快于承诺贷款额的增长[②]。

（三）世界银行贷款对农业合作社支持情况研究

世界银行贷款对合作社支持的研究，国内外不同的学者在十几年前就有研究。钟智利（2018）对世行项目扶持的辽宁农民合作社发展情况进行分析，通过调研总结分析世行项目扶持的32个合作社发展情况，提出加强合作社规范化建设，提升其社会化服务功能，推动合作社在组织带动农民互助共济，调整优化种植结构，延伸农业产业链和价值链，共同应对市场竞争等方面发挥更突出的作用[③]。王紫滕（2021）对世界银行贷款合作社助推陕北地区乡村振兴的实践困境与应对之策进行研究，通过对陕西省米

---

① 谢世清、李丽霖：《从世行贷款看国际金融组织促进中国的制度创新》，载于国际贸易2014年第2期

② （数据来源，根据世行官方网站（http//www. worldbank. org）数据统计。）

③ 钟智利：《世行项目扶持的辽宁农民合作社发展情况分析》，载于《辽宁农业科学》2018年第6期。

脂县、延川县、延长县、宜川县等受资助农民专业合作社实地调研，分析实施世行项目的现状，探讨其发展中存在的问题并提出发展世行农民专业合作社项目的对策与建议①。

（四）世界银行农业贷款项目问题研究

世界银行农业贷款在中国主要集中在农田水利灌溉项目、农业标准化基地建设、可持续发展农业项目、农业经营主体建设等，在中国中低产田改造、高标准农田建设、农业产业化、改善农业生产条件、提升粮食综合产能、加快现代农业发展等方面发挥重要作用。关于世界银行农业贷款项目问题的研究，邵建成、黄德林（2003）指出中国的农业是属于弱质产业，在投资方面，政府的投入严重不足，世行贷款为我国农业的发展提供了重要的资金支持、科学有效的管理方法、新的生产技术，促进了我国农业长期发展②。关于世行农业贷款地区不平衡问题的研究，刁莉、梁松、刘捷（2011）指出尽管初期世行对中国贷款的总体项目无论从贷款额还是项目数量上，区域分布都很不平衡③。截至2009年，获得世行贷款最多的是沿海地区以及少数中西部地区。关于我国农业项目利用国际金融资金发展建设方面，储雪玲、张斌等（2015）认为农业可持续发展是中国与世界银行等国际金融组织合作的重要领域之一，并以世界银行贷款中国新农村生态家园富民工程项目为例，介绍了世界银行农业项目可持续发展实践经验，旨在为国内类似项目提供参考④。

（五）世界银行农业贷款项目实施评价研究

在农业项目评价这方面，很多学者认为中国起步较晚，发展缓慢，还

---

① 王紫滕：《世界银行贷款合作社助推陕北地区乡村振兴的实践困境与应对之策》，载于《山西农经》2022年6期。

② 邵建成、黄德林：《从世界银行农业贷款项目运行机制上看中国畜牧业资金高效利用》，载于《中国农学通报》2003年第5期。

③ 刁莉、梁松、刘捷：《20世纪80年代以来世界银行对华贷款及其经济社会影响》，载于《中国经济史研究》2011年第4期。

④ 储雪玲、张斌、王叶红：《国际金融组织农业项目可持续发展实践经验——以世界银行贷款中国新农村生态家园富民工程项目为例》，载于《世界农业》2015年第9期。

没有形成完善制度体系，在评价内容的范围和深度方面于世界银行和发达国家相比还相差甚远。通常是不重视公共项目的绩效评价，通常只局限于项目验收，对于公共项目的预期绩效目标与实际绩效结果没有进行科学、全面的评估。唐斯斯（2012）认为完善金融贷款项目首先要构建国际金融贷款项目绩效评估的制度框架，其次是成立独立的绩效评估机构，最后还需对国际金融贷款项目在绩效评价指标体系方面进行完善①。王瑞等（2008）以安徽省利用世界银行贷款加灌农业项目为研究对象在全面回顾我国利用世界银行贷款支持农业基础建设的背景与结构的基础上深入研究安徽省利用世界银行贷款加强灌溉农业项目的建设情况构建安徽省世行加灌三期项目的绩效评价指标体系，进行项目评价②。胡玲梅、李建平等（2018）认为现有研究侧重于从政府或农业项目实施单位的角度，总结农业贷款项目在中国的进展情况及成功经验，关于世界银行农业贷款项目评价模式的研究仍较匮乏，对此他们提出从世界银行的立场出发，探讨农业贷款项目的评价模式和项目实施过程的关注重点③。

二、世行六期合作社资助情况

"世行六期项目"贵州项目区从2015年12月实施项目至今，始终致力于推动产业扶贫和农村产业结构调整。其间，农业企业与合作社作为现代农业经营组织在促进地方经济发展，提升区域农业产业化水平，实现贫困群众稳定脱贫增收的过程中起到了重要作用。农业产业是农户增收的主要抓手，是脱贫攻坚事业推进的中坚力量，以农业企业与合作社作为主导的多种经营主体联合体模式在农业产业发展过程中不断涌现，出现了"公司+基地+农户""公司+合作社+农户""公司+基地+商超""合作社+大

---

① 唐斯斯：《财政部和我国利用国际金融贷款农业项目绩效评估实践》，载于《中国外资》2012年第16期。

② 王瑞、陈军、姚佐文：《基于项目成功度评价方法的世行贷款农业科技项目绩效评价研究——以利用世界银行贷款加强灌溉农业项目为例》，载于《中国农学通报》2008年第9期。

③ 胡玲梅、李建平、肖琴：《中国农业利用国际金融组织贷款评价模式探析》，载于《农业展望》2018年第14期。

户+农户”“合作社+村委+农户”等多样化组织模式，成为引导、聚拢、组织脱贫农户融合参与到产业链、利益链、价值链的各个环节，由农民向股东身份转换的有效方式，对增加农户收入、提高技能、增强抵御市场风险的能力，变“输血”式扶贫为“造血”式扶贫、变“开发式”扶贫为“参与式”扶贫，增强贫困地区内生发展动力，提高贫困人口的自主脱贫能力，促进贫困人口增收，实现稳定脱贫，提升农业产业化水平。

世行贷款贫困片区产业扶贫试点示范项目（简称世行六期项目）分别在遵义市的3个县（市）（赤水市、习水县、桐梓县）和毕节市的2个县（大方县、织金县）实施，项目总投资4.60亿元，其中世行贷款（含汇兑资金）2.40亿元，中方配套2.20亿元（各县（市）项目配套资金详见表2.1）。项目完成合作社组建39个，覆盖35个乡镇。重点实施金钗石斛、乌骨鸡、天麻、辣椒、蜂糖李、蜂蜜、黔北麻羊、猕猴桃、魔芋、蚕桑等特色产业。

表5-1　世行六期项目配套资金情况表①　单位：万元

县（市）	项目总投资	世行贷款	中方配套
赤水市	8691.19	4929.62	3761.57
习水县	10225.41	5241.55	4983.86
桐梓县	7788.60	4239.31	3549.29
大方县	9928.90	5010.04	4918.86
织金县	9565.56	4891.71	4673.85
合计	46199.66	24312.23	21887.43

数据来源：实地调研及官方搜集数据

遵义市项目总投资2.67亿元，完成合作社组建23个，覆盖20个乡镇。其中赤水市完成合作社组建9个，覆盖8个乡镇，主要发展金钗石斛和乌骨鸡两大特色产业；习水县完成合作社组建9个，覆盖8个乡镇，发展黔北麻羊合作社8家，乡村旅游合作社1家；桐梓县完成合作社组建5

① 注释：习水县世行贷款金额含汇兑资金200万元，桐梓县世行贷款金额含汇兑资金400万元。

个，覆盖4个乡镇，主要发展产业有花秋土鸡、葛根、花椒、麻羊等。

毕节市项目总投资1.95亿元，完成合作社组建16个，覆盖15个乡镇。其中大方县完成合作社组建8个，覆盖8个乡镇，主要实施以天麻为主的中药材和辣椒、蜂糖李及蜂蜜等产业；织金县完成合作社组建8个，覆盖7个乡镇，主要实施猕猴桃、魔芋、蚕桑等产业。

对于世行六期项目支持的合作社发展情况研究将采用定性与定量相结合的方式开展，结合文献分析法、案例分析法、调查法、层次分析法等方法，通过对中国贫困片区产业扶贫试点示范项目（世行贷款第六期扶贫项目）毕节市大方县、织金县，遵义市赤水市、习水县、桐梓县所涉及的合作社发展现状的研究，了解到合作社在自身发展过程中遇到的问题，总结合作社的优秀经验；了解他们在带动农户共同开展生产经营的过程中存在的问题、困难，找到其中的原因，提出相应的对策建议；总结提炼合作社在提升贫困对象生产发展能力、实现脱贫增收的举措，并进行推广应用；深入了解合作社在农业技术推广应用中发挥的作用，为实现农业技术现代化寻找较好的推广模式。

通过对该项目进行研究，进一步探索了农业现代经营组织为主导的农业产业化发展模式，能够在贵州省内进行推广应用，实现农业产业高效发展，促进贵州省贫困地区农业产业结构优化调整，持续带动贫困对象实现增收致富。通过项目研究探索农业经营主体联合体利益链接模式，为贵州省农业组织化发展提供参考借鉴，提升农民组织化经营的程度，促进农业市场化发展进程，提升农业技术推广应用的效果，提升农业现代化发展水平，实现乡村振兴战略中产业振兴的目标。

第二节 合作社理事长调研情况

一、合作社理事长受访信息

此次调研共发放问卷38份，回收35份，有效率为92.1%，其中，织金县8份、习水县8份、桐梓县5份、大方县5份、赤水市9份，样本基本信息详见表5-2。如表5-2所示，在性别分布上，合作社负责人男性较多，占比85.71%；在年龄分布上，40-49岁的合作社负责人占比最多，达到了54.30%，其次，30-39岁、50-59岁占比均为17.14%，而20-29岁和60岁及以上的人员占比较少，仅为5.71%；学历分布上，初中学历占比最高，达到25.71%，其次是本科学历占比20%，中专、高中、大专占比依次为17.14%、14.29%、14.29%，研究生学历最少，占比仅为2.86%，这说明合作社负责人本科学历及以上人数较少，占比为22.86%；在现任职务方面，受访人员为理事长的较多，占比为74.29%，职业经理人占比5.71%，其他核心成员占比20%，且大多为副理事长。

表5-2 合作社负责人的基本信息情况

个人变量	类型	人数（个）	比例（%）
性别	男	30	85.71
	女	5	14.29
年龄	20-29岁	2	5.71
	30-39岁	6	17.14
	40-49岁	19	54.30
	50-59岁	6	17.14
	60岁及以上	2	5.71
学历	小学	2	5.71
	初中	9	25.71
	中专	6	17.14
	高中	5	14.29
	大专	5	14.29
	本科	7	20
	研究生	1	2.86
现任职务	理事长	26	74.29
	职业经理人	2	5.71
	其他核心成员	7	20

在受访的35份合作社负责人当中，有26份是合作社理事长，占比74.29%，合作社理事长的基本情况如表4－2所示。从表5－3可知合作社理事长政治面貌中中共党员占比50%，其中“群众”占比46.15%，中共党员与民主党派占比53.85%；户籍归属地分布上，理事长的户籍归属地为本村的占比最高，为38.46%，其次是本乡镇占比34.62%；在合作社理事长的常驻地分布上，大体与户籍归属地分布相同，理事长的常驻地大多为本乡镇区域以内；96.15%的合作社理事长有村干部、个体工商户、农民工返乡创业、农民合作社或企业管理者等相关从业经历；在从事农业规模经营的年限上，合作社理事长从事农业规模经营的年限5年以下，占比约为53.85%，其次是11－15年与6－10年，占比分别为23.08%和19.23%，从事农业规模经营年限超过16年的仅有1个，占比仅为3.85%。

表5－3　　合作社理事长基本信息情况

个人变量	类型	人数（个）	比例（%）
政治面貌	党员	13	50
	民主党派	1	3.85
	群众	12	46.15
户籍归属地	本村	10	38.46
	本乡镇	9	34.62
	本县	4	15.38
	本市	1	3.85
	省内其他市	2	7.69
常住地	本村	10	38.46
	本乡镇	9	34.62
	本县	6	23.08
	本市	1	3.84
农业从业经历	有	25	96.15
	无	1	3.85
从事农业规模经营的年限	0－5年	14	53.85
	6－10年	5	19.23
	11－15年	6	23.08
	16－20年	1	3.84

二、合作社基本情况

通过调研，91.43%的合作社成立于2016－2019年间，成立时间超过3年，说明合作社的发展已有一定的基础。在合作社社员入股方式方面，34.28%的合作社社员主要是资金入股，62.86%的合作社社员主要是土地入股，2.86%的合作社是以世行贷款资金作为股金。

由表5－4可知合作社发起人大多为种养大户，占比为42.86%，其次是村干部与公司发起，占比分别为25.71%和20%，其他发起人较少，仅占11.43%。在合作社生产经营模式上，采取“合作社＋基地＋农户”模式的最多，占比34.30%。其次是“公司＋合作社＋农户”模式，占比25.71%，“合作社＋农户”模式与“村社共建”模式占比相同，为17.14%。其他模式占比较少，为5.71%（如图5－1所示）。合作社层次上，没有国家级示范合作社，省级示范合作社占比为8.57%，市级合作社占比为17.14%，县级合作社占比14.29%，非示范合作社占比最多，为60%。在合作社所发展的产业当中，有80%属于贵州省大力发展的十二大特色农业产业。从合作社理事长参与农业生产经营的情况上看，完全参与经营管理的人数较多，占比为74.29%，而大部分参与经营与完全参与经营的人数达到了94.29%。35个合作社中目前社员人数与过去相比，无变化的占比较高，为42.86%；社员人数增加的占比34.28%；社员人数减少的占比22.86%。

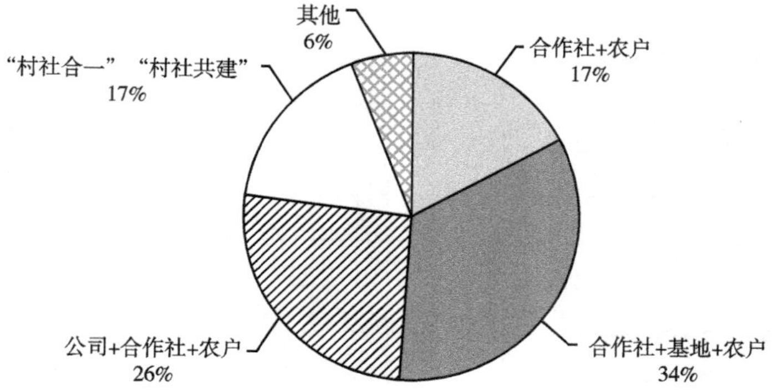

图5－1 合作社经营模式情况

表 5-4　　　　合作社基本情况

变量	类型	数量（个）	比例（%）
合作社发起人	村干部	9	25.71
	种养大户	15	42.86
	公司	7	20
	其他	4	11.43
合作社生产经营模式	合作社+农户	6	17.14
	合作社+基地+农户	12	34.30
	公司+合作社+农户	9	25.71
	“村社共建”	6	17.14
	其他	2	5.71
合作社层次	国家级示范合作社	0	0
	省级示范合作社	3	8.57
	市级示范合作社	6	17.14
	县级示范合作社	5	14.29
	非示范合作社	21	60
合作社产业是否为十二大特色产业	不是	7	20
	是	28	80
合作社社主（或负责人）参与农业生产经营	完全不参与生产经营	0	0
	大部分不参与生产经营	2	5.71
	一般	0	0
	大部分参与经营	7	20
	完全参与经营	26	74.29
合作社现在比成立时人员变动	减少	8	22.86
	无变化	15	42.86
	增加	12	34.28

35 个合作社共有合作社成员 19588 人，主要来自本村及邻村，其中 40 岁以下成员人数占 18%、40 岁—50 岁成员人数占比 47%、60 以上岁成员人数占比 35%，合作社社员主要以中老年为主。从合作社距离最近的高速公路入口和县城中心来看，40% 的合作社距离高速路口较近，60% 距离较远；17.14% 的合作社距离县城中心较近，82.86% 距离县城较远，说明大部分合作社地处偏远地区。通过调研了解，合作社成立的初衷主要是解决土地分散

农户不能规模化种养殖、销路不畅、资金匮乏、养殖技术水平低等问题。

三、合作社建设与运营

如表 5－5 所示，在合作社建设与运营情况上，89.29%的合作社主要是发展种养殖业。所有的合作社均设立了理事会，且 97.14%的理事长是由社员选举产生，仅有 2.86%的理事长是由理事会任命产生。“理事会当中所有都是普通农户”的合作社占比超过半数，“绝大多数比例是农户”的占 45.71%；“合作社理事会成员中少量农户，大多为领办人”的仅占 2.86%。

在入社社员是否需要缴纳会费上，需要缴纳会费的占比 54.29%，而不需要的占比 45.71%，占比较为均衡。所调研的 35 个合作社当中，所有合作社都设立了监事会，全体社员会议都实行了社内财务核算且都执行了财务会计制度。35 个合作社中绝大部分社员都担任一定比例的领导职务，有 82.86%的合作社对每个成员设立账户，42.86%的合作社存在盈余。总体而言，合作社运营效果较好。

表 5－5 合作社建设与运营情况

变量	类型	数量（个）	比例（%）
理事会产生办法	社员选举	34	97.14
	理事会任命	1	2.86
	主要成员推荐	0	0
	自荐	0	0
理事会中普通农户的占比情况	所有都是普通农户	18	51.43
	绝大多数比例是农户	16	45.71
	少量农户，大多为领办人	1	2.86
	无普通农户	0	0
合作社理事长的产生办法	社员选举	34	97.14
	理事会任命	1	2.86
	主要成员推荐	0	0
	自荐	0	0
入社社员是否缴纳会费（或股金）	是	19	54.29
	否	16	45.71

续表

变量	类型	数量（个）	比例（%）
合作社是否有理事会	是	35	100
	否	0	0
合作社有没有设立监事会	是	35	100
	否	0	0
全体社员会议是否实行一人一票	是	35	100
	否	0	0
社员是否担任一定比例的领导职务	是	34	97. 14
	否	1	2. 86
社内财务核算是否执行财务会计制度	是	35	100
	否	0	0
合作社是否对每个成员设立账户	是	29	82. 86
	否	6	17. 14
合作社是否有盈余	是	15	42. 86
	否	20	57. 14

四、合作社生产经营与分配

通过调研，合作社生产经营与分配信息如表 5 –6 所示，被调查合作社的生产经营方式较为平均，统种统管统收占比 59. 38%，统种分管统收占比 40. 62%。合作社设施上，建有厂房仓库等建筑的占比最多，达到了 34. 52%，其次是农业机械设备占比达到 33. 33%，冷库和烘干线等加工设施的占比分别为 15. 48%、16. 67%，说明厂房仓库和农业机械设备是合作社最需要的基础设施。在合作社提供服务方式上，合作社按社员需要提供服务占比最高达到 67. 65%，其次是统一提供占比 32. 35%。在合作社提供服务类型方面，农业科技和管理培训、价格销售信息、产品销售服务、生产资料采购、防虫防疫分别占比 13. 58%、12. 76%、12. 80%、11. 93%、10. 70%，是合作社最主要提供的服务类型。在合作社培训对象中，合作社技术人员、合作社管理人员、合作社成员、非合作社成员分别占比 21. 57%、25. 49%、32. 35%、20. 59%，培训对象较为平均，但合作社成员依然为主要培训对象。合作社培训内容最主要的是种养殖技术，占比为25%，其次是农业标准和规范生产的责任培训，两者占比均为21.88%，后面依次为法律法规、产品或体系认证要求的培训情况，分别占比16.40%、14.84%。在合作社与社员利益联结方面，股份分红、雇工以及提供信息技术服务占主要部分，分别占比20.98%、19.58%、18.88%。合作社销售市场主要在外省，占比为39.14%，其次是本省和县内，两者占比为21.74%、19.57%，合作社向国外市场销售占比最低，仅为4.35%。合作社产品销售最主要的渠道为通过经销商销售，占比达到了48.57%，而合作社产品未通过认证的情况达到了45.45%，获得地理标志产品认证的占比为36.36%。

表5-6　　合作社生产经营与分配情况

合作社变量	类型	数量（个）
合作社生产经营方式	统种统管统收	19
	统种分管统收	13
合作社设施	冷库	13
	厂房仓库等建筑	29
	烘干线等加工设施	14
	农业机械设备	28
合作社提供服务方式	统一提供	11
	按社员需要	23
合作社提供服务类型	生产资料采购	29
	农业科技和管理培训	33
	价格、销售信息	31
	防虫防疫	26
	提供大型农机	4
	仓储服务	12
	运输服务	15
	产品包装	14
	产品深加工	14
	产品销售服务	31
	基础设施投资与改造	22
	品种改良	12

续表

合作社变量	类型	数量（个）
合作社培训对象	合作社技术人员	22
	合作社管理人员	26
	合作社成员	33
	非合作社成员	21
合作社培训内容	农业标准	28
	法律法规	21
	产品或体系认证的要求	19
	种养殖技术	32
	规范生产的责任	28
合作社与社员利益联结方式	低成本统一购置生产资料	14
	提供无偿或低偿的信息、技术服务	27
	实行保护价收购	16
	按惠顾额返还给社员盈余	10
	股份分红	30
	集中流转社员土地，支付社员租金或返租倒包	11
	建立风险补贴基金	7
	社员被合作社雇工，获得工资性收入	28
合作社销售市场	本乡镇、县城	9
	本市	7
	本省	10
	外省	18
	国外	2
合作社产品销售渠道	农贸批发市场	5
	超市或商店	4
	经销商	17
	政府采购/学校	0
	龙头企业	9
合作社产品认证情况	无	15
	QS. 食品生产许可	1
	无公害农产品、绿色食品、有机农产品	5
	欧标	0
	地理标志产品	12

“合作社生产经营与分配”评价方面（如表5－7所示），6项三级指标的评分结果中，“合作社带动效果”评价占比最高是“好”这个等级，占比48.57%；评价为“好”及“很好”的占比91.43%。“合作社标准化生产人力成本节约”评价占比最高是“好”这个等级，占比65.71%；评价为“好”及“很好”的占比80%。“合作社标准化生产物资成本节约”评价占比最高是“好”这个等级，占比62.86%；评价为“好”及“很好”的占比77.14%。“合作社根据订单安排社员生产”评价占比最高是“很差”这个等级，占比37.14%；评价为“好”及“很好”的占比25.71%。“产品质量问题追溯”评价占比最高是“很好”这个等级，占比51.43%；评价为“好”及“很好”的占比65.7%1。“合作社产品优质优价销售情况”评价占比最高是“很好”这个等级，占比45.71%；评价为“好”及“很好”的占比74.29%。

表5－7 合作社生产经营与分配评价

二级指标	三级指标	很好	好	一般	差	很差
合作社生产经营与分配	合作社带动效果	15	17	1	1	1
	合作社标准化生产人力成本节约	5	23	3	4	0
	合作社标准化生产物资成本节约	5	22	3	5	0
	合作社根据订单安排社员生产	4	5	6	7	13
	产品质量问题追溯	18	5	5	4	3
	合作社产品优质优价销售情况	16	10	5	3	1

五、合作社政策支持

在合作社政府扶持方式和融资途径方面，所有合作社均获得相关支持（如表5－8所示），该问题是多选问题，部分合作社获得的支持不止一项，其中财政资金扶持占比最高，30个合作社都获得了除了世行贷款以外的多渠道资金支持。合作社融资途径中，通过政府扶持资金融资的合作社最多，其次分别为银行借贷和民间借贷。

表 5－8　　　　合作社政策支持情况与农业经营风险情况

合作社变量	类型	数量（个）
合作社政府扶持方式	财政资金	30
	金融支持	11
	人才引进	4
	示范社激励	4
合作社融资途径	政府扶持资金	29
	银行贷款	13
	民间借贷	8

在“合作社政策支持”评价方面（如表 5－9 所示），4 项指标的评分结果中，“合作社与政府的关系”评价占比最高是“很好”这个等级，占比 77.14%；评价为“好”及“很好”的占比 91.43%。“合作社对政府政策满意程度”评价占比最高是“很好”这个等级，占比 82.86%；评价为“好”及“很好”的占比 94.29%。“合作社人才需求”评价占比最高是“很好”这个等级，占比 94.29%；评价为“好”及“很好”的占比 94.3%，合作社主要缺乏管理人才、技术人才、运营人才。“合作社规范管理”评价占比最高是“很好”这个等级，占比 54.29%；评价为“好”及“很好”的占比 97.14%。

表 5－9　　　　合作社政策支持评价

二级指标	三级指标	很好	好	一般	差	很差
合作社政策支持评价	合作社与政府的关系	27	5	3	0	0
	合作社对政府政策满意程度	29	4	0	0	2
	合作社人才需求	33	0	0	0	2
	合作社规范管理	19	15	0	1	0

六、农业经营风险

合作社农业经营风险情况如表 5－11 所示，在合作社遭受的自然风险方面，57.14%的合作社遭受过自然风险，其中雹灾冻灾最为严重，占比为29.73%；其次为水灾旱灾和虫灾瘟疫，两者占比同为27.03%。而合作社保险中则种养殖保险占比最高，为48.57%，气象保险和价格保险占比仅为5.71%，遭受自然风险的合作社总共损失1196万元，约有一半遭受自然风险的合作社表示理赔能弥补损失。合作社销售方面面临最主要的销售困难为没有稳定的销售渠道，该情况的占比为36.11%；其次为没有绿色有机认证，占比达到22.22%；没有品牌和农产品滞销，两者的占比分别为19.44%和13.89%。在合作社管理措施方面，生产环节标准化占比最高，为67.50%。而合作社在管理方面存在的问题最多的则是专业技术人才短缺问题，占比达到24.59%。合作社在生产时面临的最大的问题是人手不够，存在该问题的合作社占比达60.87%%。其次是没有高效率的农业机械，占比达到30.43%。最后为购买到假种子、假农药问题，占比为8.70%，但是通过错峰生产、吸引外村、外乡镇人员务工，使用小型机械设备等措施较好地解决了务工短缺问题。合作社在技术方面存在的问题主要为技术使用问题，占比达到52.38%，合作社在财务方面存在的主要问题则是合作社融资困难问题，存在该问题的合作社比例高达84.62%。同时，世行六期项目支持建设的合作社在采纳新技术方面较为积极，将新技术运用到实际生产过程中，如采取了作物分段施肥、太阳能灯绿色杀虫方式、有机生态型栽培等新技术。另外，合作社在资金和财务管理上均比较规范。

表5-10　合作社农业经营风险情况

合作社变量	类型	数量（个）
合作社遭受自然风险	风灾、风暴灾害	3
	雹灾，冻灾等各种气象灾害	11
	水灾、旱灾	10
	火灾风险、地震等	0
	塌方风险	3
	虫灾以及各种瘟疫等	10

续表

合作社变量	类型	数量（个）
合作社保险	种养殖保险	17
	价格保险	2
	气象保险	2
合作社销售困难	客商压价	3
	供过于求，农产品滞销	5
	产品没有分级，品质良莠不齐	0
	没有品牌，卖不出高价	7
	没有稳定的销售渠道和订单，产品销路零散	13
	没有绿色有机认证	8
合作社管理措施	应用物联网、遥感等信息技术	1
	营销网络化建设	12
	生产环节标准化等	27
合作社管理存在问题	合作社章程、规章制度不完善导致人员管理不规范	6
	合作社规模小，整合力度不够	7
	农产品无深加工或规模不大	14
	无专业管理人才	8
	专业技术人才短缺	15
	不能及时把握市场价格波动	11
合作社生产存在问题	购买到假种子、假农药等	2
	农忙时人手不够	14
	高效率的机械使用不了	7
	政策抑制	0
合作社技术存在问题	技术使用问题	11
	技术开发问题	5
	技术引进问题	5
合作社财务存在问题	合作社融资困难	11
	资金使用不规范、不合理	2
	财务管理混乱、不规范	0

七、合作社财务数据基本情况

通过35份问卷的合作社财务数据结果汇总，可以看到本次调研的35个合作社的总体情况，如表5-11所示。在合作社资金投入方面，建筑投入成本最高，35个合作社的总值达到8349.79万元，其中样本最大值为800万元，均值为238.57万元，可见建筑投入对于合作社来说是一项重要的支出。其次是基础设施投入，总值达到7706.60万元，样本最大值为1075万元，均值为220.20万元。农业机械投入和技术培训费用分别为620.50万元和597.71万元，两者总额差别不大；但是样本最高值存在较大差异，分别为275万元和460万元。以上四项投入的样本最小值均为0万元，原因是合作社产业类型和发展阶段的不同造成投资建设费用的差别较大，部分合作社成立运营时间较短、部分合作社只负责加工环节不涉及种养环节的建设内容。在合作社资产方面，35份调研合作社样本中固定资产总额达到22198.33万元，样本最大值达到7893万元，最小值仅为15万元，均值为634.24万元，可见合作社的发展状况悬殊较大。在合作社产值和利润方面，35份调研合作社样本中合作社年产值与合作社年销售利润总额分别为8401.92万元与1802.88万元，样本最大值和最小值分别为1400万元、0万元与300万元、0万元，这也从另一方面表明样本合作社发展差距巨大。在合作社用工方面，合作社固定员工数总额与临时员工人次总额分别为43人、48856人次，这表明农业合作社在用工方面偏向于临时用工。在合作社分红方面，35个样本合作社向农户分红总额为166.40万元，最大值为50万元，最小值为0万元，样本均值为4.75万元，从该数据看出合作社在向农户分红方面效果不理想。

表5-11 合作社财务数据基本情况

变量	总值（万元）	最大值（万元）	最小值（万元）	均值（万元）
建筑投入成本	8349.79	800	0	238.57
农业机械投入	620.50	275	0	17.73
基础设施投入成本	7706.60	1075	0	220.20

续表

变量	总值（万元）	最大值（万元）	最小值（万元）	均值（万元）
固定资产总额	22198.33	7893	15	634.24
技术培训费	597.71	460	0	17.08
合作社年产值	8401.92	1400	0	240.05
合作社年销售利润	1802.88	300	0	51.51
合作社固定员工数	43	24	0	1.23
合作社固定员工工资		0.45		0.15
合作社临时员工人次	48856	7200	0	1395.89
合作社临时员工日均工资		0.015	0	0.0092
合作社现有流动资金	873.05	300	0	24.94
合作社目前贷款总额	1086.63	249.13	0	31.05
合作社农户分红	166.40	50	0	4.75

八、世行贷款帮扶效果情况

在世行贷款帮扶效果评价方面（如表5－12所示），在贷款前期流程方面，通过“对世界银行贷款贵州农村发展项目的了解程度”“对合作社申请世行贷款的条件的了解程度”“对合作社申请世行贷款的程序的了解程度”“政府对世行贷款宣传效果的评价”“世行贷款审批速度评价”“世行贷款手续是否复杂评价”和“世行贷款获得流程是否便利评价”七个方面，得出的均值分别为4.71、4.63、4.63、4.89、4.40、3.69、4.23。在世行贷款手续是否复杂评价中，得分均值相对较低，可以看出世行贷款手续对合作社负责人而言相对较复杂，世行贷款作为无息贷款项目，在前期工作中世行对贷款对象的筛选比较严格，但是后期世行贷款获得流程方面，合作社表示还是比较便利。政府对世行贷款宣传效果的评价得分最高达4.89，这说明政府在世行贷款申请前期准备过程中做了很多的宣传工作，使合作社理事长对世行贷款项目非常了解。

在贷款使用情况方面，35个合作社当中有19家认为贷款金额完全能够满足合作社生产经营需要。政府协助方面，“世行贷款资金使用流向监管评价”与“世行贷款资金使用的审计严格与否评价”得分均值都较高，分别为4.93和4.97，世行贷款对合作社资金使用情况审核非常严格，这有利于合作社的良好发展。而在贷款帮扶效果上，从“世行贷款对帮助贫困农户脱贫作用”“世行贷款对帮助村民致富作用”“世行贷款对农业基础设施帮助作用”“世行贷款对农业新品种和技术推广应用作用”“世行贷款对农业品牌宣传作用”“贷款对农业产业发展壮大作用”与“世行贷款对企业及合作社发展作用”七个方面上看，得分均值分别为4.89、4.91、4.94、4.69、4.80、4.91、4.94，均值都高于4.50，可以看出在贷款帮扶效果上成效较好，世行贷款促进了合作社的良好发展。最后，在问到“您是否还会希望得到世行贷款支持”时，仅有一家合作社“完全不希望”，高达94.29%的合作社非常希望得到世行贷款的支持，合作社对资金需求较大。

表5-12 世行贷款帮扶效果评价表

一级指标	二级指标	三级指标	得分情况（注：由左至右强度依次提高）					
			1分	2分	3分	4分	5分	得分均值
世行贷款帮扶效果评价指标体系	贷款前期流程	对世界银行贷款贵州农村发展项目的了解程度	1	0	0	6	28	4.71
		对合作社申请世行贷款的条件的了解程度	0	1	1	8	25	4.63
		对合作社申请世行贷款的程序的了解程度	0	2	0	7	26	4.63
		政府对世行贷款宣传效果的评价	0	0	0	4	31	4.89
		世行贷款审批速度评价	0	0	3	15	17	4.40
		世行贷款手续是否复杂评价	1	7	4	13	10	3.69
		世行贷款获得流程是否便利评价	0	1	4	16	14	4.23
	贷款使用情况	贷款金额能够满足合作社生产经营需要评价	0	0	2	14	19	4.49
	政府协助方面	世行贷款资金使用流向监管评价	0	0	0	2	33	4.93
		世行贷款资金使用的审计严格与否评价	0	0	0	1	34	4.97

续表

<table>
<tr><th rowspan="2">一级指标</th><th rowspan="2">二级指标</th><th rowspan="2">三级指标</th><th colspan="6">得分情况（注：由左至右强度依次提高）</th></tr>
<tr><th>1分</th><th>2分</th><th>3分</th><th>4分</th><th>5分</th><th>得分均值</th></tr>
<tr><td rowspan="8">世行贷款帮扶效果评价指标体系</td><td rowspan="8">贷款帮扶效果</td><td>世行贷款对帮助贫困农户脱贫作用</td><td>0</td><td>0</td><td>1</td><td>2</td><td>32</td><td>4.89</td></tr>
<tr><td>世行贷款对帮助村民致富作用</td><td>0</td><td>0</td><td>0</td><td>3</td><td>32</td><td>4.91</td></tr>
<tr><td>世行贷款对农业基础设施帮助作用</td><td>0</td><td>0</td><td>0</td><td>2</td><td>33</td><td>4.94</td></tr>
<tr><td>世行贷款对农业新品种和技术推广应用作用</td><td>0</td><td>0</td><td>3</td><td>5</td><td>27</td><td>4.69</td></tr>
<tr><td>世行贷款对农业品牌宣传作用</td><td>0</td><td>0</td><td>1</td><td>5</td><td>29</td><td>4.80</td></tr>
<tr><td>贷款对农业产业发展壮大作用</td><td>0</td><td>0</td><td>0</td><td>3</td><td>32</td><td>4.91</td></tr>
<tr><td>世行贷款对企业及合作社发展作用</td><td>0</td><td>0</td><td>0</td><td>2</td><td>33</td><td>4.94</td></tr>
<tr><td>您是否还会希望得到世行贷款支持</td><td>1</td><td>0</td><td>0</td><td>1</td><td>33</td><td>4.86</td></tr>
</table>

第三节　合作社社员调研情况及实证分析

一、合作社社员调研统计描述分析

合作社不仅在脱贫攻坚期内有效带动了贫困人口脱贫和促进了低收入人口持续增收，在巩固和拓展脱贫攻坚成果同乡村振兴有效衔接工作中也将继续发挥重要作用。世行贷款项目资助发展的合作社，在资金方面得到巨大支持，在带动农户脱贫致富、稳定增收过程中也承担了更多的责任和义务。本次对世行贷款项目支援合作社的调研评估工作，一方面是通过调查合作社自身经营状况、创收能力、抵御风险能力以及未来发展前景等；另一方面是通过评估其对农户的带动效果来进行评价，主要通过了解合作社对农户在生产技能、生产方式、收入数量、收入结构等方面的改善力度和可持续性来衡量。

（一）合作社社员基本情况

此次对世行贷款项目支援合作社的调研评估工作专设了合作社成员问卷，对涉及世行贷款项目的赤水市、桐梓县、习水县、大方县和织金县五个市县的38个合作社中255名合作社成员进行了一对一问卷深访，主要信息包括社员基本信息、家庭耕地资源及合作社入股方式、合作社带动社员情况、社员认知、社员对合作社的带动效果进行主观评价等相关信息，并对调研得来的信息进行了数据梳理，对主要数据进行描述分析。

如表5－13所示，抽样调查的255名合作社社员中，男性较多占73.73%，女性占26.27%。受访社员政治面貌群众较多，占比89.41%，在村中没有担任过职务社员占比86.67%。从受访者年龄来看，40岁以下社员42人（占16.17%），40岁－60岁社员166人（占65.10%），60岁以上社员47人（占18.43%），呈现老龄化趋势。在身体健康状况方面，233位（占比91.37%）社员表示身体状况较好。工作情况方面，119位（占比46.67%）社员仅从事农业生产、93位（占比36.47%）表示以农业为主兼业、24位（占比9.41%）表示非农为主兼业，13位（占比5.10%）表示从事非农业为主。从受教育程度来看，被调查者初中及以下文化水平占85.49%，高中水平占10.2%，大学及以上仅占4.31%。从社员家庭成员层面来看，被调查者家庭平均人口为5.03人，平均受教育年限为7.88年，家庭人员身体条件较好人员占比平均为93.72%。家庭从事农业的人口占比较低，家中有0－3个人从事农业占92.55%，4－6个人从事农业占7.45%。大部分家庭以省内就业为主，无省外就业人数的占比为63.92%。

表5－13　　合作社社员基本信息表

个人变量	类型	人数（个）	比例（%）
性别	男	188	73.73
	女	67	26.27

续表

个人变量	类型	人数（个）	比例（%）
年龄	20－29 岁	9	3.53
	30－39 岁	33	12.94
	40－49 岁	69	27.06
	50－59 岁	97	38.04
	60 岁以上	47	18.43
政治面貌	党员	23	9.02
	民主派人士	4	1.57
	群众及其他	228	89.41
婚姻状况	未婚	11	4.32
	已婚	234	91.76
	离婚	4	1.57
	丧偶	6	2.35
受教育年限	0－9 年	218	85.49
	9－12 年	26	10.20
	12 年以上	11	4.31
身体健康状况	非常不好	4	1.57
	不好	12	4.71
	一般	48	18.82
	较好	81	31.77
	非常好	109	42.75
身体健康状况较好的家庭成员占比	0%－50%	22	8.63
	50%－80%	41	16.08
	80%－100%	192	75.29
60 岁以上的人数	0	158	61.96
	1	49	19.22
	2	47	18.43
	3	1	0.39
担任政府职务	是	34	13.33
	否	221	86.67
成员担任政府职务	是	15	5.88
	否	240	94.12

续表

个人变量	类型	人数（个）	比例（%）
工作状况	纯农业	119	46.67
	以农业为主兼业	93	36.47
	非农为主兼业	24	9.41
	仅非农业	13	5.10
	在家待业	6	2.35
劳动力人数	0-2	120	47.06
	3-5	123	48.24
	6-8	12	4.70
农业就业人数	0-3	236	92.55
	4-6	19	7.45
非农就业人数	0-2	236	92.55
	2-4	19	7.45
省外就业人数	0	163	63.92
	1	44	17.25
	2	34	13.33
	3	10	3.92
	4	2	0.78
	5	2	0.80

（二）社员的经济社会情况

如表5-14所示，在土地利用情况方面，在255户社员中，共有61户社员发生承包地流转，土地流转率23.92%；出现土地抛荒现象的共计14户，抛荒率为5.49%；96.47%的问卷对象参与了土地确权，与此同时，3.53%的被调查者认为获得土地确权证书后才能确认土地承包经营权得以稳定。

在农产品销售和农业生产方面，93.73%的问卷对象没有销售困难，出现压价贱卖问题的社员占5.49%；75.29%的问卷对象未购置农业机械设备，24.71%的被调查者购置农业机械设备；51.76%的肥料为有机肥，48.24%为复合肥；93.73%买到的农资均是货真价实的产品，6.27%买到的农资存在假货，假货的使用导致除草效果差、种子不发芽、产量降低、收入减少等影响。

在合作社利益分配方面，被访者中有60.78%的社员在合作社没有工资性收入，39.22%的社员在合作社有工资性收入；58.82%%的社员在合作社没有分红，41.18%%的社员在合作社有分红；53.33%的社员有转移性收入，46.47%的社员没有转移性收入。

表5-14　　合作社社员基本信息表

变量	类型	人数（个）	比例（%）
承包地流转	是	61	23.92
	否	194	76.08
承包地抛荒	是	14	5.49
	否	241	94.51
土地确权	是	246	96.47
	否	9	3.53
农产品销售困难	无	239	93.73
	压价贱卖	14	5.49
	农产品滞销烂在地里	1	0.39
	其他	1	0.39
购置农业机械设备	是	63	24.71
	否	192	75.29
购买农资	均是真货	239	93.73
	买到假货	16	6.27
化肥是否为有机肥	是	132	51.76
	否	123	48.24
参与培训	是	210	82.35
	否	45	17.65
自然灾害	非常大	23	9.02
	较大	44	17.25
	一般	41	16.08
	较小	38	14.90
	无影响	109	42.75
合作社工资性收入	有	100	39.22
	无	155	60.78

续表

变量	类型	人数（个）	比例（%）
合作社分红	有	105	41.18
	无	150	58.82
转移性收入	有	136	53.33
	无	119	46.67

（三）合作社社员参与情况

此次访谈对象的情况如表5－15所示，绝大多数是合作社成员，占比95.69%，4.31%未加入合作社，但参与了合作社产业发展；其中，19.22%的问卷对象为合作社核心成员，80.78%的问卷对象为合作社普通成员；54.12%问卷对象与合作社理事长是陌生人关系，36.08%为邻居或朋友关系，4.31%是亲戚关系；99.22%的问卷对象愿意与合作社保持稳定投资交易关系；98.82%的社员表示如果合作社要进一步发展，愿意向合作社增加投资；93.73%的被调查者认为退社自由，6.27%认为退社不自由，被调查者表示，不自由主要是源于章程规定加入合作社3年后才能退社。

合作社理事长在当地取得一定认可，被调查者中46.67%认为合作社理事长为人较好，40.78%认为很好；并且60.39%的被调查者非常信任理事长，33.33%较信任合作社理事长；有48.63%的被调查者表示经常与合作社理事长联系，22.75%被调查者总是与理事长联系，仅有5.49%从不和合作社理事长联系，总体来说与理事长的联系较为频繁；82.35%的被调查者认为合作社提供的农资有价格优惠；在合作社改进方面，41.57%认为合作社要与大型企业联合、提高市场竞争力，37.25%认为要引进更多的专业人才进行管理和指导，20.39%认为要优化管理模式，13.73%认为要调整农户分红比例。

表5－15　合作社基本情况表

变量	类型	人数（个）	比例（%）
合作社成员	是	244	95.69
	否	11	4.31

续表

变量	类型	人数（个）	比例（%）
合作社身份	普通成员	206	80.78
	核心成员	49	19.22
合作社牵头	政府或职能部门	45	17.65
	专业生产大户	131	51.37
	企业	18	7.06
	村干部	47	18.43
	其他	21	8.25
合作社组织模式	公司＋合作社＋农户	50	19.61
	合作社＋大户＋农户	136	53.33
	合作社＋村委＋农户	48	18.82
	其他	24	8.24
合作社理事长身份	专业大户	150	58.82
	营销大户	1	0.39
	村干部	56	21.96
	企业人员	25	9.80
	科技部门人员	0	0
	其他	21	8.23
与合作社理事长的亲戚/亲属关系	父母或子女	1	0.39
	兄弟姐妹	1	0.39
	亲戚	11	4.31
	邻居或朋友	92	36.08
	陌生人	138	54.12
	其他	12	4.71
对理事长信任程度	很不信任	2	0.78
	较不信任	0	0
	一般信任	14	5.49
	较信任	85	33.33
	非常信任	154	60.39

续表

变量	类型	人数（个）	比例（%）
合作社理事长为人	很差	0	0
	还可以	11	4.31
	一般	21	8.24
	很好	104	40.78
	非常好	119	46.67
与合作社理事长的联系情况	从不	14	5.49
	很少	23	9.02
	偶尔	36	14.12
	经常	124	48.63
	总是	58	22.74
合作社规章制度	有	232	90.98
	无	23	9.02
是否按规章制度办事	从不按规程办事	8	3.14
	很少按规程办事	3	1.18
	偶尔按规程办事	4	1.57
	经常按规程办事	80	31.37
	严格按规程办事	160	62.74
合作社盈余分配方式	全部按股分红	117	45.88
	以按股分红为主	77	30.20
	全部按惠顾额返还	11	4.31
	以惠顾额返还为主	28	10.98
	其他	22	8.63
合作社提供农资的价格优惠	有	210	82.35
	无	40	15.69
	不清楚	5	1.96
利益分配存在徇私舞弊	是	6	2.35
	否	203	79.61
	不清楚	46	18.04
退社	自由	239	93.73
	不自由	16	6.27

续表

变量	类型	人数（个）	比例（%）
与合作社保持稳定投资交易关系	非常不愿意	3	1.18
	不太愿意	2	0.78
	一般	24	9.41
	比较愿意	102	40
	非常愿意	124	48.63
向合作社增加投资	非常不愿意	3	1.18
	不太愿意	15	5.88
	一般	35	13.73
	比较愿意	100	39.22
	非常愿意	102	39.99

（四）合作社带动农户情况

如表 5－16 所示，被调查者认为合作社对其收入带动作用比较大，其中认为对工资性收入带动作用最大，占比 43.92%，其次为家庭经营性收入，占比 36.47%，最后为财产性收入，占比 9.42%。在农户对合作社情况的了解方面，被调查者对合作社个人股、分红、工资发放情况了解均值为 3.68，对合作社的盈亏情况的了解均值为 3.48，总体来看被调查者对合作社的情况较为了解。在农户对合作社满意度方面，被调查者对合作社提供的服务、合作社总体发展、合作社理事长工作都比较满意，其满意度均值分别为 4.35、4.27、4.38。可见，被调查者对当地合作社的认同度都较高，同时，合作社不管是对农户的生产条件、生产行为、政策认知，还是增收致富都有较大的带动作用。

表 5－16　　合作社带动农户情况表

二级指标	三级指标	非常小（1）	较小（2）	一般（3）	较大（4）	非常大（5）	得分均值
生产条件	合作社对农户进行农业生产便利度的促进作用	6	7	36	112	94	4.11
	合作社对农业生产基础设施建设的促进作用	7	8	43	91	106	4.11

续表

二级指标	三级指标	非常小（1）	较小（2）	一般（3）	较大（4）	非常大（5）	得分均值
农业技术	合作社在推广农业新技术方面的促进作用	12	4	30	107	103	4.13
	合作社在推广农业品种的作用	11	7	27	106	103	4.13
生产行为	合作社在推广低毒低残留农药使用的作用	23	22	39	72	99	3.80
	合作社在推广有机肥使用的作用	20	24	36	78	97	3.83
	合作社在促进农户土地转出意愿的作用	12	25	34	92	92	3.91
	合作社在对农户农业生产规模扩大所起的作用	3（副作用）	12（无作用）	39（一般）	107（较大）	94（非常大）	4.10
政策认知	合作社在促进政府与农民沟通方面的作用	4	7	25	123	96	4.19
	合作社向农户宣传政府惠农政策情况	4（从不）	14（很少）	24（偶尔）	128（经常）	85（总是）	4.11
	政府对合作社运营帮助的农户认知情况	2	4	33	109	107	4.25
增收致富	合作社在带动农户就业方面的作用	3	6	33	108	105	4.21
	合作社在促进农户农产品流通的作用	1（副作用）	8（无作用）	41（一般）	111（较大）	94（非常大）	4.15
	合作社对减少农户面临农产品市场风险的作用	4	10	52	98	91	4.04
	合作社在提高农产品价格、减低生产成本方面的作用	3	7	48	107	90	4.09
	合作社对农户收入的带动作用	2	10	38	101	104	4.16
	选3及以上中，农户认为对哪方面收入的带动作用最大	93 家庭经营性收入	112 工资性收入	27 财产性收入	14 转移性收入	9 其他	

续表

二级指标	三级指标	非常小(1)	较小(2)	一般(3)	较大(4)	非常大(5)	得分均值
合作社认同	合作社对农户带来的实惠程度	3	6	42	122	82	4.10
	合作社对农户日常生产帮助的作用	1	7	42	120	85	4.11
	农户对合作社提供服务的总体满意度	1（非常不满意）	2（不满意）	41（一般）	74（较满意）	137（非常满意）	4.35
	农户对合作社理事长工作的满意度	2（非常不满意）	2（不满意）	38（一般）	68（较满意）	145（非常满意）	4.38
	农户对合作社目前总体发展的满意度	2（非常不满意）	12（不满意）	33（一般）	76（较满意）	132（非常满意）	4.27
	农户对合作社个人入股、分红、工资发放的情况了解程度	13（完全不了解）	39（不太了解）	48（一般）	75（比较了解）	80（非常了解）	3.68
	农户对合作社去年盈亏情况了解程度	22（完全不了解）	51（不太了解）	36（一般）	74（比较了解）	72（非常了解）	3.48
	总体上，合作社对农户的带动作用	0	8	22	89	136	4.38

（五）社员认知情况

如表5－17所示，大多数社员的自立意识较高，85.88%的被调查者认为致富应该靠自己。在参加技能培训积极程度或进行新技术推广方面，社员较为积极，56.47%的被访者愿意主动学习新的种植技术，50.59%的被调查者尝试过新的种植技术，当村里开展一项技能培训时，67.06%的被调查者立即学习使用，21.96%的被调查者在别人使用有效果后再用，85.88%的被调查者参加村里技能培训频率在偶尔及更多的频次。

在人际关系方面，被调查者对村委会的信任程度较高的，其信任程度均值为4.41；被调查者与其他村民的信息交流频率是比较频繁的，其频率分数均值为4.07；当村民遇到困难时，100%的被调查者是倾向于给予他人及时的帮助；在被调查者对世行贷款了解程度方面，超过半数的被调查者听说过世行贷款，但对世行贷款了解程度较低，68.63%的被调查者表示听说过世行贷款的，65.49%的被调查者表示知道世行对合作社有进行贷款支持，但仅有42.35%的被调查者表示对合作社在世行贷款情况是在基本了解及更了解的情况。

表5－17　　社员认知情况表

变量	选项	个数	比例
您认为致富靠谁	靠自己	219	85.88%
	靠政府	33	12.94%
	靠干部	3	1.18%
	靠亲戚朋友	0	0%
主动学习过新技术	否	111	43.53%
	是	144	56.47%
尝试种植新品种	否	126	49.41%
	是	129	50.59%
合作社推广一项新技术时的态度	拒绝（1）	5	1.96%
	随便（2）	13	5.10%
	强制要求必须用才用（3）	10	3.92%
	别人使用后有效果了再用（4）	56	21.96%
	立即学习使用（5）	171	67.06%
村里开展一项技能培训时的态度	随便（1）	14	5.49%
	从不参加（2）	3	1.18%
	邻里参加才参加（3）	26	10.20%
	强制要求才参加（4）	18	7.06%
	主动参加（5）	194	76.07%
参加村里技能培训的频率	从不（1）	13	5.10%
	很少（2）	23	9.02%
	偶尔（3）	48	18.82%
	经常（4）	119	46.67%
	总是（5）	52	20.39%

续表

变量	选项	个数	比例
对村委会的信任程度	非常不信任（1）	2	0.78%
	不太信任（2）	1	0.39%
	一般（3）	24	9.41%
	比较信任（4）	94	36.86%
	非常信任（5）	134	52.54%
与其他村民交流信息情况	从不交流（1）	4	1.57%
	偶尔交流（2）	23	9.02%
	一般（3）	20	7.84%
	比较频繁（4）	118	46.27%
	非常频繁（5）	90	35.30%
其他村民遇到困难及时帮助的意愿	非常不愿意（1）	0	0%
	不太愿意（2）	0	0%
	一般（3）	20	7.84%
	比较愿意（4）	102	40%
	非常愿意（5）	133	52.16%
与亲戚、邻居、与同村村民经常联系情况	从不联系（1）	1	0.39%
	偶尔联系（2）	6	2.35%
	一般（3）	22	8.63%
	比较频繁（4）	99	38.82%
	非常频繁（5）	127	49.81%
是否听说过世行贷款	否	80	31.37%
	是	175	68.63%
是否听说过世行贷款对你所在合作社有贷款资金的支持	否	88	34.51%
	是	167	65.49%
合作社在世行的贷款情况了解程度	从未听说（1）	65	25.49%
	不太了解（2）	82	32.16%
	基本了解（3）	48	18.82%
	比较了解（4）	36	14.12%
	非常了解（5）	24	9.41%

（六）合作社带动社员方面

如表5-18所示，被调查者中34.51%将土地流转到合作社，45.10%的被调查者在合作社务工，78.43%的被调查者入股到合作社，48.63%的被调查者有从合作社得到农资、技术等服务，17.25%的被调查者通过合作社销售、运输、储存农产品，此外，68.63%的被调查者通过以上2种及以上的方式与合作社利益联结。将土地流转到合作社的被调查者中32.14%是以出租的方式流转土地，71.43%的被调查者与合作社签订土地流转合同，85.71%的被调查者认为农产品的市场风险不会影响土地租金的给予，92.86%的被调查者一开始都愿意将土地流转到合作社，可见被调查者对合作社信任度较高，但合同签订数量不高，存在契约风险，社员保障自身利益意识有待提高。

在合作社务工方面，与合作社签订合同的被调查者较少，但大多数人愿意在合作社继续务工，仅有48.70%的被调查者与合作社签订了雇佣合同，其中60.71%的被调查者签订了书面雇佣劳动合同，92.17%的被调查者表示愿意以后继续在合作社务工，由此可见合作社信用度较高，但大多数社员缺乏自我利益保障意识。在入股合作社方面，38%的被调查者以土地入股合作社，42.50%的被调查者以资金入股合作社，11.50%的被调查者既通过土地入股合作社又通过资金入股合作社。在有通过合作社获得农资、技术的被调查者中，95.97%的被调查者表示合作社开展服务活动的情况为一般或较多或非常多。在通过合作社销售、运输、储存农产品的被调查者中，仅有47.73%的被调查者与合作社签订销售合同，20.45%的被调查者在通过合作社销售50%-80%的农产品，15.91%的被调查者通过合作社销售80%以上的农产品，31.82%的社员的农产品全部通过合作社销售，合作社对于带动社员起到了一定作用。

表 5－18　合作社带动社员情况表

变量	类型	个数	比例	变量	类型	个数	比例
与合作社利益联结关系	土地流转	28	34.51%	土地流转方式	代耕	0	0%
					转包	1	3.57%
					转让	2	7.14%
					出租	9	32.14%
					互换	0	0%
					赠送	0	0%
					其他	16	57.14%
				是否签订土地流转合同	否	8	28.57%
					是	20	71.43%
				农产品面临的市场风险是否影响土地的租金	否	24	85.71%
					是	4	14.29%
				土地流转给合作社意愿	开始不愿意后来勉强愿意	2	7.14%
					一直都愿意	26	92.86%
	务工	115	45.10%	是否与合作社签订雇佣合同	否	59	51.30%
					是	56	48.70%
				签订雇工契约形式	书面雇佣劳动合同	34	60.71%
					口头雇佣协议	22	39.29%
				明年是否打算在合作社务工	不打算	9	7.83%
					继续务工	106	92.17%
	入股分红	200	78.43%	如何入股	土地	76	38%
					资金	85	42.50%
					土地＋资金	23	11.50%
					其他	16	8%
	合作社提供农资、技术等服务	124	48.63%	合作社开展服务活动情况	非常多	49	39.52%
					较多	46	37.10%
					一般	24	19.35%
					不太多	5	4.03%
					没有	0	0%
	合作社提供销售、运输、储存等服务	44	17.25%	是否与合作社签订雇佣合同	否	23	52.27%
					是	21	47.73%

续表

变量	类型	个数	比例	变量	类型	个数	比例
与合作社利益联结关系	合作社提供销售、运输、储存等服务	44	17.25%	农户产品通过合作社销售范围	20%以下	9	20.45%
					20% -50%	5	11.36%
					50% -80%	9	20.45%
					80%以上	7	15.91%
					全部	14	31.82%
	无关系	4	1.57%				
	2项联结关系及以上	175	68.63%				

二、实证分析

（一）相关性分析

本文运用 spss22.0 软件对被调查社员的基本情况与其评价打分情况的相关性进行分析，采用皮尔逊相关来检验它们之间的相关性，具体情况如下表 5 -19 至表 5 -26 所示：

表 5 -19　　社员与社长评价及投资意愿相关性分析表

	年龄	教育程度	健康状况	家庭人数	平均年龄	农业就业人数	非农就业人数
社长声名	-0.031	-0.042	0.039	0.152 **	-0.133 **	-0.027	0.007
社长信任程度	0.454 ***	-0.127 **	0.025	0.207 ***	-0.083	0.091	-0.015
与社长联系情况	0.318 ***	-0.105 *	0.068	0.102	-0.050	0.023	-0.048
社长是否按照规章制度办事	0.067	-0.214 ***	-0.003	0.318 ***	-0.026	0.157 **	0.026
参加社员大会次数	-0.021	0.042	-0.055	-0.001	0.078	0.078	0.216 ***
与合作社投资关系	0.127 **	-0.058	0.049	0.307 ***	0.192 ***	0.250 ***	0.123 **
是否愿意增加投资	0.736 ***	-0.077	-0.014	0.271 ***	0.104 *	0.178 ***	0.127 **

注：*** 、** 、* 分别表示 1%、5% 和 10% 的水平下显著。

从表5－19可以看出：

（1）年龄与社长信任程度显著正相关，二者具有0.454的正相关关系；年龄与社长联系情况二者具有0.318的正相关关系，也就是说年纪越大的社员越愿意加强与社长的联系；个人年龄与合作社投资关系之间具有0.127的正相关关系；个人年龄与投资意愿之间具有0.736的正相关关系，也就是说年纪越大的人越倾向增加投资。

（2）受教育程度与社长信任程度二者显著负相关，负相关系数为0.127；与社长联系情况二者显著负相关，负相关系数为0.105；与社长是否按照规章制度办事的评价二者显著负相关，负相关系数为0.214；以上数据说明受教育程度越高，对合作社的信任程度越低，对社长的联系也较少。

（3）健康状况与社长评价和投资意愿等均无明显相关关系。

（4）家庭人数与社长声名二者显著正相关，具有0.152的正相关关系；与社长信任程度二者显著正相关，具有0.207的正相关关系；与社长是否按照规章制度办事评价二者显著正相关，具有0.318的正相关关系；与合作社投资关系二者显著正相关，具有0.307的正相关关系；与增加投资意愿二者显著正相关，具有0.271的正相关关系。

（5）家庭平均年龄与社长声名二者显著负相关，具有0.133的负相关关系；与合作社投资关系二者显著正相关，具有0.192的正相关关系；与增加投资意愿二者显著正相关，具有0.104的正相关关系。

（6）农业就业人数与社长是否按照规章制度办事的评价显著正相关，二者具有0.157的正相关关系；与合作社投资关系显著正相关，二者具有0.250的正相关关系，说明农业就业人数越多与合作社投资关系越良好；与增加投资意愿显著正相关，二者具有0.178的正相关关系，说明农业就业人数越多越愿意增加投资。

（7）非农业就业人数与参加社员大会次数正相关，二者具有0.216的正相关关系；与合作社投资关系正相关，二者具有0.123的正相关关系；与增加投资意愿显著正相关，二者具有0.127的正相关关系，说明非农业就业人数越多越愿意增加投资。

表 5-20　　社员与农业技术情况相关性分析表

	年龄	教育程度	健康状况	家庭人数	平均年龄	农业就业人数	非农就业人数
对新技术的态度	-0.097	-0.176***	0.125**	0.081	-0.048	-0.084	0.043
参加技能培训频率	0.292***	-0.255***	0.092	0.102	0.111*	0.009	0.071
接受培训次数	0.249***	-0.051	0.015	0.120*	0.060	0.097	0.138**
与人交流程度	0.102	-0.111*	0.014	0.196***	0.110*	0.089	0.162***

注：***、**、*分别表示1%、5%和10%的水平下显著。

从表5-20可以看出：

（1）年龄与参加技能培训频率显著正相关，二者具有0.292的正相关关系，说明年纪越大，参加技能培训频率越高；与接受培训次数二者具有0.249的正相关关系，也就是说年纪越大，参加培训次数越多。

（2）受教育程度与对新技术的态度二者显著负相关，负相关系数为0.176；与参加技能培训频率二者显著负相关，负相关系数为0.255；与交流程度二者显著负相关，负相关系数为0.111。

（3）健康状况与新技术的态度二者具有0.125的正相关关系。

（4）家庭人数与接受培训次数二者显著正相关，具有0.120的正相关关系；与交流程度二者显著正相关，具有0.196的正相关关系。

（5）家庭平均年龄与参加技能培训频率二者显著正相关，具有0.111的正相关关系；家庭人平均年龄与交流程度二者显著正相关，具有0.110的正相关关系。

（6）农业就业人数与学习新技术意愿和培训次数等均无明显相关关系。

（7）非农业就业人数与接受培训次数正相关，二者具有0.138的正相关关系；与交流程度正相关，二者具有0.162的正相关关系。

表 5-21　　社员与合作社评价相关性分析表

	年龄	教育程度	健康状况	家庭人数	平均年龄	农业就业人数	非农就业人数
对村委会的信任程度	0.038	-0.141**	0.109*	0.199***	0.088	0.176***	0.197***
合作社的沟通作用	0.229***	-0.009	-0.005	0.115*	-0.032	0.010	0.098

续表

	年龄	教育程度	健康状况	家庭人数	平均年龄	农业就业人数	非农就业人数
合作社是否宣传惠农政策	0.624***	-0.035	0.094	0.092	-0.010	0.001	0.119*
政府对合作社运营的帮助作用	0.482***	-0.036	-0.037	0.109*	-0.097	-0.085	-0.023

注：***、**、*分别表示1%、5%和10%的水平下显著。

从表5-21可以看出：

（1）年龄与村委会的信任程度显著正相关，二者具有0.229的正相关关系，说明年纪越大，对村委会的信任程度越高；与惠农政策二者具有0.624的正相关关系，也就是说年纪越大，对合作社的宣传惠农政策越了解；与政府对合作社运营的帮助作用显著正相关，二者具有0.482的正相关关系。

（2）受教育程度与村委会的信任程度二者显著负相关，负相关系数为0.141。

（3）健康状况与村委会的信任程度二者具有0.109的正相关关系。

（4）家庭人数与村委会的信任程度二者显著正相关，具有0.199的正相关关系；与合作社的沟通作用二者显著正相关，具有0.115的正相关关系；与政府对合作社运营的帮助作用二者显著正相关，具有0.109的正相关关系。

（5）家庭平均年龄与村委会的信任程度、合作社是否宣传惠农政策等均无明显相关关系。

（6）农业就业人数与村委会的信任程度二者具有0.176的正相关关系。

（7）非农业就业人数与村委会的信任程度正相关，二者具有0.197的正相关关系；与合作社是否宣传惠农政策正相关，二者具有0.119的正相关关系。

表5-22　　社员与世行贷款等相关性分析表

	年龄	教育程度	健康状况	家庭人数	平均年龄	农业就业人数	非农就业人数
是否了解世行贷款	-0.091	-0.208***	0.309***	0.074	0.071	0.088	0.139**
世行贷款支持	0.860***	-0.170***	0.281***	0.139**	0.062	0.061	0.163***
合作社贷款情况	0.630***	-0.113*	0.177***	0.074	0.105*	0.101	0.076

续表

	年龄	教育程度	健康状况	家庭人数	平均年龄	农业就业人数	非农就业人数
合作社分红机制	0.438***	-0.144**	0.067	0.130**	-0.024	-0.009	-0.004
去年盈亏了解情况	0.786***	-0.090	0.112*	0.124**	-0.017	0.048	0.091
合作社对农户带动作用	0.477***	-0.068	0.013	0.229***	-0.019	0.135**	0.135**

注：***、**、*分别表示1%、5%和10%的水平下显著。

从表5-22可以看出：

（1）年龄与世行贷款支持显著正相关，二者具有0.869的正相关关系；与合作社贷款情况二者具有0.630的正相关关系；与合作社分红机制显著正相关，二者具有0.438的正相关关系；与合作社去年盈亏了解情况显著正相关，二者具有0.786的正相关关系；与合作社对社员带动作用显著正相关，二者具有0.477的正相关关系。

（2）受教育程度与是否了解世行贷款二者显著负相关，负相关系数为0.208；与世行贷款支持二者显著负相关，负相关系数为0.170；与合作社贷款情况二者显著负相关，负相关系数为0.113；与合作社分红机制二者显著负相关，负相关系数为0.144。

（3）健康状况与是否了解世行贷款二者具有0.309的正相关关系；与世行贷款支持二者具有0.281的正相关关系；与合作社贷款情况二者具有0.177的正相关关系；与合作社去年盈亏情况二者具有0.112的正相关关系。

（4）家庭人数与世行贷款支持二者显著正相关，具有0.139的正相关关系；与合作社分红机制二者显著正相关，具有0.130的正相关关系；与去年盈亏情况二者显著正相关，具有0.124的正相关关系；与合作社对社员带动作用二者显著正相关，具有0.229的正相关关系。

（5）家庭平均年龄与合作社贷款情况具有0.105的正相关关系。

（6）农业就业人数与合作社对社员带动作用二者具有0.135的正相关关系。

（7）非农业就业人数与是否了解世行贷款正相关，二者具有0.139的正相关关系；与世行贷款支持正相关，二者具有0.163的正相关关系；与合作社对社员带动作用正相关，二者具有0.135的正相关关系。

表5－23 社员与农业基础设施情况相关性分析表

	年龄	教育程度	健康状况	家庭人数	平均年龄	农业就业人数	非农就业人数
生产便利度评价	－0.073	－0.073	0.057	0.181***	0.007	0.027	0.121*
基础设施情况评价	0.700***	－0.136**	0.110*	0.243***	0.067	0.112*	0.140**
农业新技术选择	0.573***	－0.023	－0.017	0.109*	0.055	0.019	0.113*
农业新品种选择	0.824***	－0.014	－0.054	0.062	－0.060	－0.086	0.058
有机肥使用情况	0.740***	－0.053	0.020	0.005	0.008	0.007	0.103
土地转出意愿	0.467***	0.039	0.066	0.073	－0.074	0.051	0.015
生产规模扩大意愿	0.695***	0.033	0.041	－0.014	－0.070	0.001	0.066
低毒低残留农药使用情况	0.627***	－0.096	0.004	0.041	0.010	－0.024	0.025

注：***、**、*分别表示1%、5%和10%的水平下显著。

从表5－23可以看出：

（1）年龄与基础设施情况评价显著正相关，二者具有0.700的正相关关系；年龄与农业新技术选择二者具有0.573的正相关关系；与农业新品种选择显著正相关，二者具有0.824的正相关关系；与有机肥使用情况显著正相关，二者具有0.740的正相关关系；年龄与土地转出意愿显著正相关，二者具有0.467的正相关关系；年龄与生产规模扩大意愿显著正相关，二者具有0.695的正相关关系；年龄与低毒低残留农药使用情况显著正相关，二者具有0.627的正相关关系。

（2）看出受教育程度与基础设施情况评价二者显著负相关，负相关系数为0.136。

（3）健康状况与基础设施情况评价二者具有0.110的正相关关系。

（4）家庭人数与生产便利度评价二者显著正相关，具有0.181的正相关关系；家庭人数与基础设施情况评价二者显著正相关，具有0.243的正相关关系；家庭人数与农业新技术使用情况二者显著正相关，具有0.109的正相关关系。

（5）家庭平均年龄与生产便利程度评价、农业新技术使用情况等均无明显相关关系。

（6）农业就业人数与基础设施情况评价二者具有 0.112 的正相关关系。

（7）非农业就业人数与生产便利度评价正相关，二者具有 0.121 的正相关关系；与基础设施情况评价正相关，二者具有 0.140 的正相关关系；与农业新技术使用情况正相关，二者具有 0.113 的正相关关系。

表 5－24　社员与合作社促进作用评价相关性分析表

	年龄	教育程度	健康状况	家庭人数	平均年龄	农业就业人数	非农就业人数
减少风险	0.700***	-0.103*	0.043	0.054	0.001	0.039	0.073
提高收入	0.187***	-0.037	0.067	0.191***	0.081	0.087	0.142**
实惠程度	0.453***	0.005	-0.019	0.128**	0.018	0.022	0.046
生产帮助	0.717***	0.002	-0.004	0.130**	-0.037	0.012	0.045
带动农户就业	0.015	-0.116*	-0.004	0.185***	-0.077	-0.037	-0.067
促进农产品流通	0.464***	-0.118*	0.132**	0.098	0.028	0.061	0.033
降低生产成本	0.253***	-0.017	0.072	-0.006	-0.006	-0.062	0.033

注：***、**、*分别表示 1%、5%和 10%的水平下显著。

从表 5－24 可以看出：

（1）年龄与减少风险正相关，二者具有 0.700 的正相关关系；与提高收入二者具有 0.187 的正相关关系；与实惠程度显著正相关，二者具有 0.453 的正相关关系；与生产帮助作用显著正相关，二者具有 0.717 的正相关关系；与促进农产品流通显著正相关，二者具有 0.464 的正相关关系；与降低生产成本显著正相关，二者具有 0.253 的正相关关系。

（2）受教育程度与减少风险二者显著负相关，负相关系数为 0.103；与带动农户就业二者显著负相关，负相关系数为 0.116；与促进农产品流通二者显著负相关，负相关系数为 0.118。

（3）健康状况与促进农产品流通二者具有 0.132 的正相关关系。

（4）家庭人数与提高收入二者显著正相关，具有 0.191 的正相关关系；与实惠程度二者显著正相关，具有 0.128 的正相关关系；与生产帮助评价二者显著正相关，具有 0.130 的正相关关系；与带动农户就业二者显著正相关，具有0.185的正相关关系。

（5）家庭平均年龄与促进农产品流通、降低生产成本等均无明显相关关系。

（6）农业就业人数与促进农产品流通、降低生产成本等均无明显相关关系。

（7）非农业就业人数与提高收入正相关，二者具有0.142的正相关关系。

表5-25　　　　社员与合作社满意度评价相关性分析表

	年龄	教育程度	健康状况	家庭人数	平均年龄	农业就业人数	非农就业人数
合作社	0.018	-0.022	-0.002	0.129**	0.027	0.101	0.107*
社长	0.816***	-0.052	-0.065	0.137**	0.032	0.096	0.140**
总体发展	0.684***	0.012	-0.030	0.042	0.014	0.038	0.106*

注：***、**、*分别表示1%、5%和10%的水平下显著。

从表5-25可以看出：

（1）年龄与社长满意度正相关，二者具有0.816的正相关关系；与合作社总体发展评价二者具有0.684的正相关关系。

（2）受教育程度与合作社满意度、社长满意度等均无明显相关关系。

（3）健康状况与合作社满意度、社长满意度等均无明显相关关系。

（4）家庭人数与合作社满意度二者显著正相关，具有0.129的正相关关系；家庭人数与社长满意度二者显著正相关，具有0.137的正相关关系。

（5）家庭平均年龄与合作社满意度、社长满意度等均无明显相关关系。

（6）农业就业人数与合作社满意度、社长满意度等均无明显相关关系。

（7）非农业就业人数与合作社满意度正相关，二者具有0.107的正相关关系；与社长满意度正相关，二者具有0.140的正相关关系；与合作社总体发展评价两者具有0.106的正相关性。

（二）数据结论分析

一是社员对社长评价与投资意愿方面（见表5－19），从年龄来看年长的社员与合作社之间的关系更加密切，愿意与合作社建立长远的投资关系，家庭人数、平均年龄、农业就业人数、非农就业人数等方面也都与合作社关系呈现较多的正相关关系。只有受教育程度越高与合作社的关系不太密切，对合作社的评价和信任也会减少，与合作社关系的评价表现为负相关。从这个数据中可以得到的信息是，受教育程度较高有可能会让社员对合作社的发展有更多的思考和怀疑态度，不会过度依赖于合作社的发展，与合作社的关系会不太密切。在农村务农年龄较大的社员一般在60岁左右，对于农业和土地的依赖性更强，对于合作社的依赖也较高，与农村现实的情况较为符合。

二是社员与农业技术情况方面（见表5－20），从年龄来看年长的社员参加技能培训的意愿更强烈、参与培训的次数也更多，更愿意学习新技术，健康状况、家庭人数、平均年龄、非农业就业人数等方面也都与对新技术的态度和培训学习呈现较多的正相关关系，此外，农业就业人数与对新技术的态度和培训学习次数等均无相关关系。只有受教育程度与对新技术的态度二者显著负相关，相关的交流程度不太明显，参加技能培训频率也会减少。从这个数据中可以得到的信息是，受教育程度高有可能会让社员对合作社的农业新技术的运用有更多的思考和质疑态度，不会过度依赖于合作社对新技术的研发和培训，与合作社及其他社员的交流也会相对较少。非农就业人数较多的家庭对接受培训和与其他人沟通是积极的态度，而农业就业人数是无影响的，从这两个数据来看，非农就业人数较多的家庭在思想上较为开放，信息接受的较多，对于培训学习的态度、与人交流的态度比较积极，对信息的重要性认可程度较高。

三是社员对合作社评价方面（见表5－21），从年龄来看年长的社员对村委会的信任程度更高，更愿意与合作社进行沟通与交流，对合作社宣传的惠农政策也更加了解，政府对合作社运营的帮助作用体现得也更加明显。健康状况、家庭人数、农业就业人数、非农业就业人数等方面也都与对合作社的评价呈现较多的正相关关系。此外，家庭平均年龄与对合作社的评价关系不太密切。只有受教育程度越高与村委会的信任程度呈负相关关系。从这个数据中可以得到的信息是，受教育程度较高有可能会让社员对村委会的相关工作产生更多的思考或是持怀疑态度，不会过度依赖于村委会，与合作社的联系相对会更少，从而对合作社的信任程度相对较低。在农村务农年龄较大的社员一般在60岁左右，对于村委会的依赖程度更高，对村委会的信任程度也更高，对于合作社对于惠农政策的宣传的需求也更多，与农村现实的情况较为符合。

四是社员与世行贷款情况方面（见表5-22），从年龄来看年长的社员更加了解世行贷款相关信息，对世行贷款支持程度更高，对于合作社去年盈亏情况也更加了解。健康状况、家庭人数、家庭平均年龄、农业就业人数、非农业就业人数等方面也都对与世行贷款的支持和了解呈现较多的正相关关系。只有受教育程度越高与世行贷款相关政策的关系不太密切，与合作社关系的评价表现为负相关。从数据上看出健康状况、非农就业人数对了解世行贷款项目情况呈现积极作用，健康程度好、非农就业多的社员在信息交流、知识学习中更有优势，更加了解合作社的情况

五是社员与农业基础设施情况方面（见表5-23），从年龄来看年长的社员对农业基础设施评价更高，对相关农业基础设施使用程度更高，更愿意使用相关农业基础设施。健康状况、家庭人数、平均年龄、农业就业人数、非农就业人数等方面也都与合作社关系呈现正相关关系。只有受教育程度越高与农业基础设施的关系不太密切，对农业基础设施的评价和信任也会减少，与农业基础设施的评价表现为负相关。从这个数据中可以得到的信息是，受教育程度较高有可能会让社员对农业基础设施的使用有更多的思考，不会过度依赖于农业基础设施的使用。在农村务农年龄较大的社员一般在60岁左右，在村内生活的时间较长，在“十四五”期间贵州农村基础设施条件改善效果较为明显，年龄较大的社员给基础设施条件的评价普遍较高。

六是社员与合作社促进作用评价方面（见表5-24），从年龄来看年长的社员与合作社促进作用的关系更加密切，愿意参与合作社开展的相关促

进发展的活动，健康状况、家庭人数、非农就业人数等方面也都与合作社关系呈现较多的正相关关系。此外，平均年龄、农业就业人数与促进农产品流通、降低生产成本等没有呈现明显的相关关系。受教育程度越高的人对合作社的促进作用评价较为一般，与合作社促进作用表现为负相关。从这个数据中可以得到的信息是，受教育程度较高有可能会让社员对合作社在促进相关发展方面怀疑态度，不会过度依赖于合作社的发展，与合作社的关系不会太密切。在农村务农年龄较大的社员一般在60岁左右，可以跟随合作社发展种养殖产业、在合作社基地务工，由合作社供给农业生产物资、帮助销售农产品，对于合作社的依赖也较高，对于合作社促进作用的评价也更加积极。

七是社员与合作社满意度评价方面（见表5－25），从年龄来看年长的社员对于合作社的评价更高，对其总体发展态势更加肯定。家庭人数、非农就业人数与合作社满意度正相关。但受教育程度、健康状况、平均年龄、农业就业人数等与合作社满意度评价无明显的相关关系。从这个数据中可以得到的信息是，年龄越大的社员和非农就业人数较多的家庭对合作社的满意度更高。

总体来看，有三个方面的数据结论值得注意。年龄越大的社员对合作社的各方面评价都较高，农业合作社对于年龄较大的社员作用更大，能够带领他们共同开展农业生产活动，在降低生产物资的成本、减少生产过程交易物流的时间和精力成本、提供议价能力等方面对年龄较大的社员有显著作用。教育程度越高的社员对合作社的评价较低，他们具有较强的学习能力和信息获取能力，自身发展农业生产的能力较强，对合作社依赖程度较低，对合作社能够提供的帮助和服务要求也会更高，当合作社不能满足其发展需求时，他们的评价会比较低。家庭非农就业人数较多的社员在信息沟通、学习培训中具有积极作用，社员家庭中可能有外出务工、创业或者在政府、事业单位工作的成员，具有更广阔的眼界，可以有更加多元的信息渠道，对于信息、知识的重要性更加了解，非农就业的家庭成员会使社员在对待培训及信息沟通的态度上表现得更加积极。

第四节　村支两委深度参与的合作社调研情况

根据调研，在世界银行贷款六期项目35家合作社中，有10家合作社是村支两委深度参与合作社建设和运营的，主要是桐梓县容光乡诚雄种养殖专业合作社、织金县兴农种养殖农民专业合作社、织金县熊场镇蚕业农民专业合作社、赤水市普惠种养殖农民专业合作社、习水县奇峰麻羊养殖农民专业合作社、习水县仙源乡村旅游农民专业合作社、习水县怡岭麻羊养殖农民专业合作社、大方县猫场镇群联养殖农民专业合作社、大方县乡情农种植专业合作社、大方县广鑫生态种植农民专业合作社，这10家合作社的负责人全部为村干部，在35家合作社中占比25.71%，50岁以下的合作社负责人有8名，在他们的带领下10家合作社中有4家是县级以上示范社，占比40%，其中省级合作社1家、市级合作社1家、县级合作社2家。

一、村支两委深度参与的合作社基本情况

村支两委深度参与建设与运营的10家合作社，村干部全部是党员，完全参与生产运营。作为党员，他们展现出比其他合作社负责人更强的责任心和大局观，全心全意致力于解决当地产业发展难题，增加贫困户收入，引领村民增收致富。通过调研，10位村干部都积极主动对接科研院所、高校为合作社提供技术指导，并邀请专家加强对农户进行农业种养殖技术、经营、合作社知识等培训。相较于一般合作社，其培训次数更为频繁，且参与培训的人次也更多，有高达79.73%的农户参与培训。合作社管理相对规范，有94.59%的合作社专门制定了合作社管理规章制度，完全按照合作社章程行事，配有专职的管理人员、技术人员、财会人员。在人际关系方面，农户对村支两委抱有较高的信任度，尤其当村支两委成员担任合作社理事长时，这种信任度体现得更为明显，农户对理事长的信任程度高达93.24%。当合作社是“合作社+村委+农户”发展模式时，村委话语

权提升，村委既能最先了解到政府的相关扶持政策，也能明晰反映合作社存在的困难，更能有效促进合作社的持续健康发展。由于村支两委的深度参与，他们对政府政策有了更深入的了解，从而促使政策红利得到更充分的释放。在此基础上，村支两委积极为合作社争取政府扶持资金，使得合作社与政府的联系变得非常密切，因此，合作社对政府关于合作社的相关政策表示非常满意。村支两委作为合作社的发起人，他们对世行项目的申请条件、程度、发展进度都非常了解，对政府的扶持政策也非常支持，对世行贷款项目帮扶效果也是非常赞赏和认可的，也非常希望后期继续有这样好的项目对他们进行帮扶。

二、合作社带动农户情况

根据农户调查问卷，对村支两委深度参与建设与运营的 10 家合作社在合作社对农户带动作用方面，农户普遍认为，合作社对农户收入带动作用较大，其中认为工资性收入带动作用以及家庭经营性收入带动作用最大的农户最多，占比都为 36.76%，其次为财产性收入，占比 13.23%。在农户对合作社情况的了解方面，总体来看农户对合作社的情况是比较了解的，其中对合作社个人股、分红、工资发放情况，对合作社的盈亏情况的了解分数均值分为 3.77、3.53，了解程度为一般或比较了解或非常了解的农户数分别占总农户的 82.43%、75.68%。在农户对合作社满意度方面，农户对合作社提供的服务、对合作社总体发展、对合作社理事长工作满意度较高，其满意度均值分别 4.26、4.31、4.08，其中满意度为一般或较满意或非常满意的农户数分别占总农户数的 98.65%、98.65%、89.19%。可见，农户对这 10 家合作社的认同度都比较高，同时，合作社不管是对农户的生产条件、生产行为、政策认知，还是增收致富都有较大的带动促进作用。

三、农户的认知情况

村委深度参与的合作社中的农户中，82.43% 的农户认为致富应该靠自己，可见大多数农户的思想觉悟比较高。在参加技能培训积极程度或进行新技术推广方面，大部分农户还是比较积极的，60.81%的农户主动学习新的种植技术，55.41%的农户尝试过新的种植技术；当村里开展一项技能培训时，66.22%的农户立即学习使用、20.27%的农户在别人使用有效果后再用；91.89%的农户参加村里技能培训频率为偶尔或经常或总是。在人际关系方面，农户对村委会的信任程度是比较高的，其信任程度均值为4.39；当村民遇到困难时，100%的农户是一般或较愿意或非常愿意给予及时的帮助；在农户对世行贷款了解程度方面，71.62%的农户知道世行对合作社有进行贷款支持，其中39.19%的农户对合作社在世行贷款情况是基本了解或比较了解或非常了解。

四、农户与合作社利益联结情况

村支两委深度参与的合作社中的农户中，12.68%的农户将土地流转到合作社，38.03%的农户在合作社务工，88.73%的农户入股到合作社，36.62%的农户有从合作社得到农资、技术等服务，5.63%的农户有通过合作社销售、运输、储存农产品，此外，52.11%的农户通过以上2种及以上的方式与合作社利益联结。将土地流转到合作社的农户中，44.44%的农户是以出租的方式流转土地、51.85%的农户与合作社签订土地流转合同、77.78%的农户认为农产品的市场风险不会影响土地租金的给予、100%的农户一开始都愿意将土地流转到合作社。在合作社务工的农户中，51.85%的农户与合作社签订了雇佣合同，其中40.74%的农户签订了书面雇佣劳动合同、92.59%的农户表示愿意以后继续在合作社务工。在入股合作社的农户中，31.75%的农户以土地入股合作社、49.21%的农户以资金入股合作社、6.35%的农户既通过土地入股合作社又通过资金入股合作社。在有通过合作社获得农资、技术的农户中，96.15%的农户表示合作社开展服务活动的情况为一般或较多或非常多。村委深度参与的合作社中的农户，在通过合作社销售、运输、储存农产品的农户中，25%的农户与合作社签订销售合同、100%的农户在通过合作社销售20%以下的农产品。

第五节　本章小结

本章从世行六期合作社资助与发展概况、合作社理事长调研情况、合作社社员调研情况及实证分析、村支两委深度参与合作社调研情况等几个方面深刻全面剖析了世行项目在贵州示范区合作社资助发展的状况。世行六期项目的发展引领了西部地区项目区创新示范，促进了项目区域农民脱贫，世行六期项目主要资助贵州省地区遵义市 3 个县（市）和毕节市的 2 个县实施，项目完成合作社组建 39 个，覆盖 35 个乡镇。世行六期合作社资助与发展概况中，介绍了项目合作成效研究、项目数量及数额变化研究、对农业合作社支持情况研究、项目问题研究、项目实施评价研究等内容。合作社理事长调研情况中，受访者信息合作社负责人男性较多、40 - 49 岁的合作社负责人占比最多、学历分布上初中学历占比最高。合作社建设与运营情况上，大多数认为合作社主要是要发展种养殖业。合作社政策支持方面，所有合作社均获得相关支持，财政资金扶持占比最高。在合作社遭受的自然风险方面，雹灾冻灾最为严重。在世行贷款帮扶效果评价方面对政府在世行贷款宣传效果的评价较高。并详细介绍了包括合作社受访者信息合作社基本情况、合作社建议与运营合作社生产经营与分配合作社政策支持、农业经营风险、合作社财务数据基本情况、世行贷款帮扶效果情况等内容。在合作社社员调研情况及实证中，分析了合作社社员基本信息、农户的经济社会情况、合作社社员基本情况、合作社带动农户情况、农户认知情况、合作社带动农户等方面，实证中年龄、家庭人数、平均年龄、农业就业人数、非农就业人数等方面都与合作社关系呈现较多的正相关关系，健康状况、家庭人数、平均年龄、非农业就业人数等方面也都与对新技术的态度和培训学习呈现较多的正相关关系。村支两委深度参与合作社调研情况中，涵盖了合作社基本情况、合作社带动农户情况、农户的认知情况、农户与合作社利益联结情况方面。在世界银行贷款六期项目 35 家合作社中，有 10 家合作社是村支两委深度参与合作社建设和运营，村干部全部是党员，完全参与生产运营，农户普遍认为，合作社对农户收入带动作用较大，工资性收入带动作用以及家庭经营性收入带动作用最大的农户最多，农户认知中，大多数农户的思想觉悟比较高，将土地流转入股到合作社。从世行六期项目贵州示范区合作社发展现状分析可以看出，在世行项目的资助下明显促进了合作社的发展，带动农户增收增产，促进经济发展，成为了发展农业产业、实现农业生产现代化、促进农民增收的重要经营方式和组织模式。

第六章

世行项目贵州示范区合作社建设经验总结

第一节　合作社建设发展的经验亮点

通过座谈、访谈及实地走访等方式调研世行项目贵州示范区合作社，详细了解项目实施情况及合作社发展现状。在世行项目的资助下，经过多方谋划、精心组织实施，探索形成了一些可借鉴、值得推广的经验和做法，主要从以下三个角度展现。

一、从合作社考察和理事长访谈角度

（一）发展地方特色产业

产业发展是农村地区实现发展的重要抓手，选准产业、选对产业、选好产业是带动农户增收致富的重要方式之一，农民富不富，关键是农村地区有没有能带动农民走上致富之路的产业。合作社在产业选择中，选择适合本地发展的特色产业，才能将产业做大做强。赤水市和大方县因地制宜，充分利用自身优势，发展特色产业。

赤水市种植石斛和养殖乌鸡的历史悠久、气候和地理条件适宜，品质优良，经济附加值高，市场前景广阔。赤水市 9 个合作社瞄准石斛和乌鸡

这两个地方特色产业，将种养殖区位优势转化为产品市场竞争力，不断扩大产品的影响，培育发展壮大石斛和乌鸡产品品牌。大方县合作社发展过程中积极利用自身优势资源，打造农业基地，利用产品差异化生产，突出产品特色，做到了“人无我有、人有我优、人优我精”，通过强化农产品供给侧结构性改革力度，扩大了有效供给，更好地满足了市场需求。合作社利用本地特色辣椒、金银花、天麻、魔芋等作为特色产业进行合理规划布局，变资源优势为经济优势。

（二）探索利益联结机制

合作社探索和建立企农利益联结机制，形成利益共同体、命运共同体和责任共同体，使农民有体面的就业，有尊严的生活，在共建共享发展中有更多的获得感与幸福感。支持农民、集体以土地或其他资产入股合作社，建立合作社与农户之间的股份合作关系。鼓励农户流转土地，集中土地资源，推进规模化连片发展。合作社则通过流转农户土地、聘用农民务工、创新利益分配等方式，让农户获得“股金 + 租金 + 薪金”，形成合作社与农户之间“股份式”利益联结机制。

织金县和习水县通过探索适合合作社发展的利益联结机制，带动合作社社员增收致富。织金县 8 家合作社，有 3 家是种桑养蚕合作社、4 家魔芋种植合作社、1 家猕猴桃种植合作社。合作社均采用“合作社 + 基地 + 农户”“村社共建”等生产经营模式，规模化发展蚕产业、魔芋产业、猕猴桃产业，带动社员致富增收。合作社社员基本是以村里农村集体土地 10 年期经营权折价每亩每年 300 元入股，合作社社员累计土地入股 4906.34 亩，合作社投资收益按投资股份分配，通过土地入股，合作社将小而散的土地集中起来，盘活土地资源，带动农民增收致富。习水县 9 家合作社，有 8 家是黔北麻羊养殖专业合作社和 1 家乡村旅游合作社。合作社采用“合作社 + 农户”“合作社 + 基地 + 农户”等生产经营模式，规模化发展黔北麻羊养殖产业和乡村旅游业，带动社员致富增收。在黔北麻羊养殖上，8 家合作社采用的利益联结方式是一样的，社员以现金的方式缴纳股金，每股 500 元，每户缴纳股金不等，合作社在年终分红时提取利润的 30% 作为运转资金，利润的60%按照社员的交易额分红，利润的10%按照股金分红，特别是多数黔北麻羊养殖合作社将交易量返还比例提高到60%以上，不仅激发了社员的养殖积极性，还确保了合作社的持续稳定发展。同时，入社社员自己发展麻羊养殖，世行贷款项目将以“10+1”标准户补贴18000元，极大地激发了社员规模化养殖的积极性。在仙源镇乡村旅游专业合作社发展上，采用“合作社+农户”的利益联结方式，社员入股合作社，合作社作为统一的管理机构，以世行贷款项目资助为契机完善村庄道路、路灯、凉亭、步道、绿化等旅游基础设施，并为社员提供旅游管理培训、订单接待、入股分红等；加入合作社的社员自己家里发展乡村旅游，开民宿、种蔬菜、养猪等还受到世行贷款项目补贴，世行项目将提供民宿床被、每亩蔬菜补贴800元、每头猪补贴1100元，极大地激发了农户发展乡村旅游的积极性，通过合作社带动周边农户发展乡村旅游，不仅带动了农户增收致富，还扩大了仙源镇乡村旅游影响力。

（三）“能人”带动效应显著

在外务工创业的“新乡贤”能力强、资源丰富、渠道多、人脉广，回到家乡发展，有很强的号召力，老百姓非常信服。“能人”回到家乡，当创业致富带头人做项目带动身边的贫困户。通过“能人”的带动，可以最大限度地消除农户参与创业的壁垒，让原本的“门外汉”参与市场运作的过程中。

织金县和大方县合作社负责人责任心强，“能人”带动效应显著。通过访谈合作社负责人，世行贷款项目只负责提供前期建设资金，而运营环节是不提供的。合作社在发展过程中普遍存在运营资金困难等问题，有的合作社虽然建立了三四年，但是受疫情、气候等因素的影响，产业效益未充分发挥。例如，众发种养殖合作社原先种植的牧草受气候影响未产生收益，后及时调整种植魔芋，但魔芋尚未采摘销售，至今无盈利，合作社负责人自己贴钱或靠个人关系借贷维持合作社正常运转。虽然存在困难，但他们还是很有信心能把合作社发展好，尽最大努力为社员提供好服务，带动社员把种桑养蚕、魔芋种植规模发展壮大，带动社员增收致富。目前，已有1199户建档立卡脱贫户参与到种桑养蚕、魔芋种植、猕猴桃种植中。

（四）不断延长产业链条

合作社根据实际需要，不断调整发展思路，探索创新多种经营模式，延长产业链，提高农产品附加值，做大做强农业产业。

习水县6家黔北麻羊养殖专业合作社积极创新组织方式，在扩大养殖规模时，将黔北麻羊养殖合作社联合起来，组建“习水县助农养殖农民专业合作联社”，引入粤桂黔供应链（广东）管理有限公司，共同成立贵州智道农业发展有限公司。以黔北麻羊养殖合作联社为纽带，形成一条“社员+合作社+合作联社+股份公司”的完善组织架构，充分发挥四方优势，进行精细分工：社员负责麻羊养殖，合作社主要负责培训社员、提供技术服务、麻羊收购，合作联社负责产业发展规划、协调各合作社的生产，公司主要负责羊肉的精深加工、品牌创建、产品销售推广等，实现了“6个统一”管理，即：统一品牌、统一质量、统一加工、统一标准、统购统销，打通了生产、加工、销售等环节，形成纵向一体化的产业链条。织金县合作社目前还处于起步阶段，但都配备了加工设备，种桑养蚕合作社主要加工蚕丝被，魔芋合作社主要加工魔芋豆腐、魔芋面条等魔芋产品，猕猴桃合作社在鲜果销售的基础上将次果加工成猕猴桃汁，不断延长蚕产业、魔芋、猕猴桃产业链，提高农产品的附加值。桐梓县紧紧围绕农业产业结构调整和农产品供给侧结构性改革，组建标准化的农民专业合作社，从产业链源头做起，形成良种培育、生产、储藏、加工、物流、产品认证、品牌建立、电子商务、市场推广、销售等环节综合发展的全产业链，并提供与之相配套的基础设施和服务支持，提高农户能力建设，促进贫困地区经济、社会、环境和人力资源的可持续发展。稳定增加农户特别是贫困户的收入，为贫困地区产业扶贫提供试点示范。

（五）拓宽产品销售渠道

农产品产销对接是促进农产品供需平衡、优化农业生产结构、提高农产品供给质量、增加农民收益的重要途径。

赤水市和大方县合作社利用多种手段拓宽产品销路，缓解疫情之下的销售困局。在疫情影响、线下销售受阻的情况下，赤水市9家合作社中有5家合作社均借助微信公众号、抖音短视频、拼多多等平台打造线上销售渠道。瑞婷婕种养殖合作社主动寻找周边旅游景区合作，帮助其销售自家产品，充分挖掘周边市场，借助旅游业的辐射带动作用，拓宽销路。大方县合作社通过开发新型销售模式，扩展了销售渠道，确保了农产品拥有稳定的销售市场，借助抖音电商，助力黔货出山。以往村民种植的农产品主要在集镇上销售，受市场波动较大，若是当年行情不好，农产品严重滞销，甚至会烂在地里，农产品压价贱卖的情况较多。现在农户加入合作社形成抱团式发展，合作社通过创新销售模式，采用线上线下相结合的方式，如线下有实体店售卖、合作社代售、客商上门订购、订单式销售等，在线上可以利用微信商城，抖音、快手等网络媒体进行直播带货，拓宽了农产品的销售渠道，提升了产品知名度，使农产品有稳定的销售市场，让更多优质特色农产品能够走出大山，大大降低了农户生产经营风险，提高了家庭经营收入。

（六）健全各项管理机制

合作社想要长久发展，就必须完善管理制度。农村合作社在进行发展过程中，要按照相关规定，规范组织结构，建立农村合作社的内部管理制度，建立健全农村合作社运行机制，有利于提高社员的自我约束力、主体意识、责任感，促进农村合作社的长远发展。

五个县（市）合作社严格按照《项目实施手册》《采购管理手册》《财务管理和会计核算手册》要求，认真做好项目管理、项目采购、合作社财务管理和会计核算。一是合作社严格按照《采购管理手册》的要求，按照世行项目要求将有条件支持合作社发展资金平均量化给脱贫户，与脱贫户社员签订入股、分红、种养殖等协议，从种养殖带动和务工带动两个方面提升脱贫户收入水平。二是所有合作社均聘请专业财务机构，严格按照农民专业合作社财务管理制度和农民专业合作社会计制度，核定生产经营和管理服务过程中产生的成本与费用；并按照会计制度规定设置会计核算科目、设置明细账，及时记账、结账、对账，对会计账目装订成册，向县项目办提供季度报表；同时接受各级审计部门审计，审计报告向社员公示，接受监督，按期整改。三是各项目合作社监理事会成员均由社员大会选举产生，并定期进行换届选举。合作社定期召开监理事会议、社员大会，商讨合作社发展并制订合作社发展计划，向全体社员进行公示，接受社员监督。四是合作社充分吸纳当地“能人”大户、年轻社员入社，对监理事会成员和社员进行动态管理，及时剔除“空壳”社员，纳入活跃社员，保持合作社发展活力。五是定期进行种养殖技术培训、合作社管理培训、营销培训等多种形式的培训活动，提高社员自身素质，提升合作社发展后劲。

二、从利益联结农户角度

（一）经济收入与技能水平方面

第一，强化生产技能培训，提升农户内生动力。一是合作社积极开展生产技能培训和技术服务，合作社在争取自身发展的同时，积极履行社会责任，将合作社自身的先进的生产技术通过采取技能培训的方式传授给农户。如图 6－1 和图 6－2 所示，通过访谈数据的分析，访谈的 255 位农户中合计参加过合作社组织的正式培训 210 人（占 82.35%），人均参加培训 3.59 次，参加社员大会 925 人次，人均参加社员大会 3.61 次。此外，合作社对农户日常生产中遇到的问题进行答疑解惑。二是促进农户内生动力提高，合作社在组织开展生产技能培训时，动之以情，晓之以理，积极动员农户参与到生产技能培训中。调查数据显示，98.04% 的农户表示愿意或非常愿意长期与合作社保持稳定的投资或交易关系，98.82% 的农户表示愿意或非常愿意增加对合作社的投资。在问到农户“您觉得致富靠谁?”这个问题时，219 位农户（占总调研农户 85.88%）表示靠自己。可见，合作社在带动群众增收致富的过程中，不仅提升了农户生产技能水平，也增加了农户增收致富的信心和内生动力。

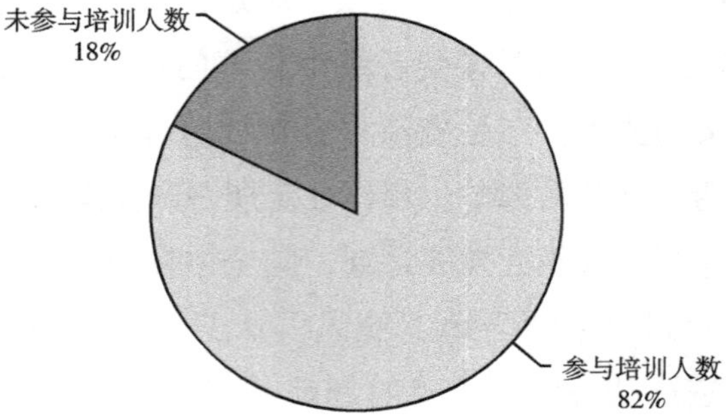

图 6-1 农户接受培训情况

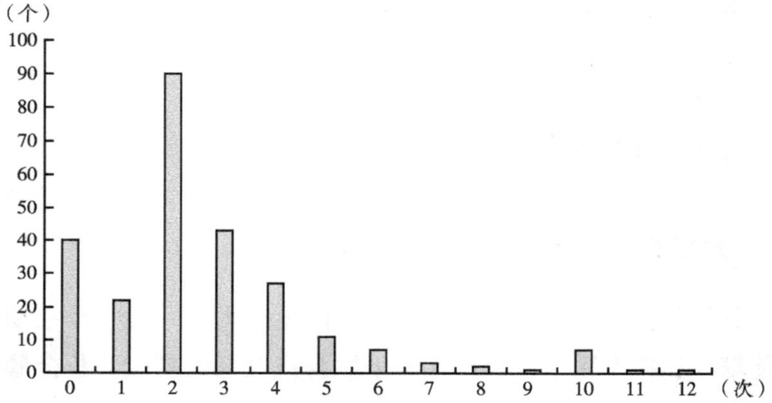

图 6-2 参与社员代表大会次数

第二，探索利益联结模式，带动群众增收致富。通过调研了解到，绝大多数被调查者表示合作社在很大程度上带动当地就业，如图 6-3 所示，41% 的被调查者表示合作社在带动农户就业方面作用非常大，42% 的被调查者表示合作社在带动农户就业方面作用较大。赤水市金钗石斛的经营载体主要是合作社，当地合作社在积极发展石斛产业过程中，主要以“合作社 + 村集体 + 农户”模式，积极吸纳当地劳动力参与石斛产业中。一是带动当地群众就业，提高农户工资性收入。从实地访谈情况发现，石斛种植合作社因生产的特殊性，可吸纳较多的农业劳动力参与石斛生产。访谈农户中，有 31 户（占赤水市总调研农户 48.44%）与石斛养殖合作社有利益联结，31 位农户 2021 年合计在合作社务工达 856 人次，人均 27.61 次，人均增收约 3000 元。二是带动群众种植石斛，提高农户经营性收入。作为具有地理标志的金钗石斛，已经具备了一定的品牌效应。有条件的农户，可以以优惠价格购买石斛进行种植。石斛需要种植在赤水的丹霞石上，种植不占用耕地，农户进行小规模种植不用投入太多成本，面临的市场风险也较小，石斛的种植为农户增收提供了新契机，其中 18 位农户（占 58.07%）表示合作社能够有效帮助家庭经营性收入的提升。

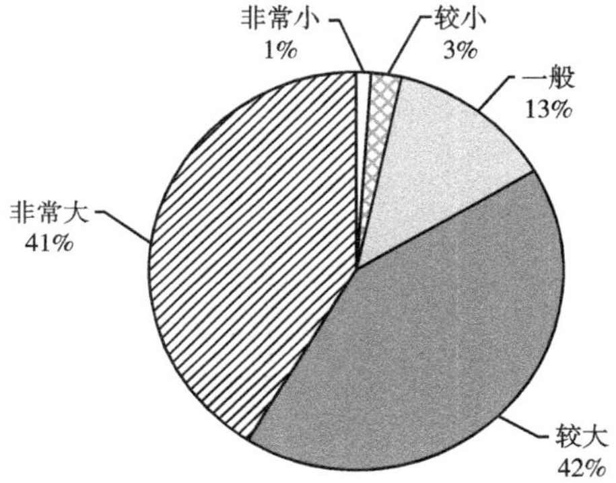

图 6－3 合作社带动农户就业方面

第三，分红方式再创新，经济发展有活力。通过调研了解到，被调查者普遍表示合作社对农户收入带动作用明显，如图 6－4 所示，41% 的被调查者表示合作社对农户收入带动作用非常大，39% 的被调查者表示合作社对农户收入带动作用较大。以赤水市乌骨鸡产业为例，乌骨鸡产业作为赤水的特色产业，得到政府的大力支持。乌骨鸡养殖合作社在市场和农户之间起到了纽带和桥梁的作用，赤水市乌骨鸡养殖合作社形成了一套高效带动农户增收致富的体系。一是农户入股分红，分红方式较为“特殊”。在合作社成立之初，农户可自愿入股合作社。合作社根据农户所占股份，以实物形式（分发鸡苗）进行分红，33 户（占赤水市总调研农户 51.56%）与乌骨鸡养殖合作社有利益联结的农户中，有 23 户（占 69.70%）入股了合作社并得到了鸡苗分红。这种分红方式有利于促进农户持续进行乌骨鸡养殖，提高了农户养殖收入的同时也缓解了合作社的资金压力。二是农户购买鸡苗可在成品鸡售卖后再给鸡苗款，且销售有合作社保底。访谈过程农户反映，在合作社购买鸡苗进行养殖，可以在成品鸡出售获得资金后再补齐鸡苗款。“先养后付”解决了农户不想养殖的心态，克服了农户对养殖成本的担忧。在养殖环节，合作社会提供技术支持。销售环节，农户可以选择自己销售，在销售有困难时，合作社又担任了一个保底的角色，农户可将养殖的乌骨鸡全部以市场价出售给合作社。产前、产中、产后服务使赤水市乌骨鸡产业形成了较大规模，在推动农户增收致富的同时，也能够使合作社具有一定抵御市场风险的能力。

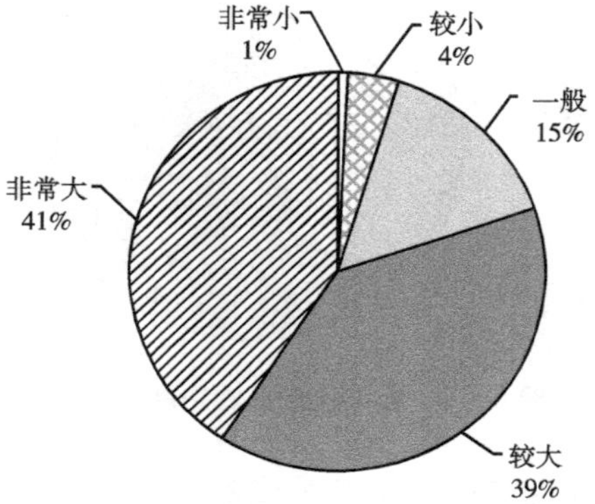

图 6-4　合作社对农户收入带动作用

（二）生产和生活方面

第一，解决农村剩余劳动力就业问题，盘活农村闲置资产。通过调研了解到 78.43% 的被调查者以土地、资金等方式入股合作社，参与合作社分红，如图 6-5 所示，38% 的被调查者以土地入股合作社，43% 的被调查者以资金入股合作社，11% 的被调查者以“土地 + 资金”的方式入股合作社；此外，34.51% 的被调查表示将土地流转给了合作社，由此可见，通过合作社不断发展能有效推进农村“三变”改革（资源变资产、资金变股金、农民变股东），进一步盘活农村闲置资源、资产。具体来看，以织金县众发专业合作社为例，众发专业合作社位于金凤街道白岩村，该村户籍人口 3392 人，常住人口 2011 人，1381 人外出务工，外出务工人口超过户籍人口40%；大量土地闲置，出现荒地、荒坡现象，但自众发专业合作社建立以来，村民中1723人加入合作社，部分村民以土地、资金入股，最大限度地盘活农场闲置资产，实现合作社和农户双盈利局面。同时，织金县世行贷款项目帮扶合作社解决社员就业达489人，社员务工100元/天，平均每年可增加收入10000元。另外用活帮扶政策，遴选合适人选就业，争取政策支持，优先选聘困难社员到岗位就业，最大限度地解决农村剩余劳动力就业问题。

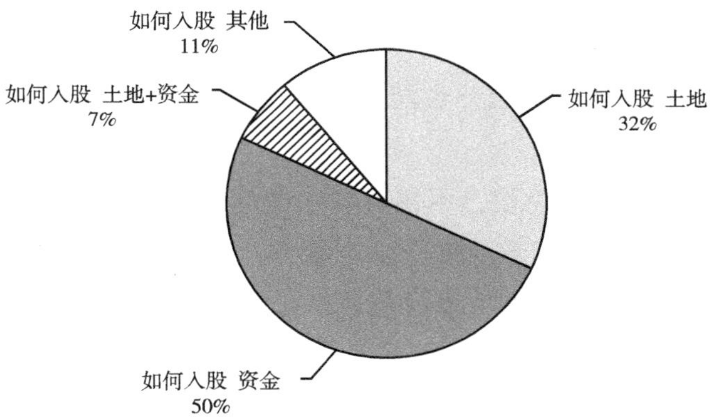

图6-5　入股分红方式

第二，增强基础设施建设，创造良好生产环境。世行贷款项目对合作社在农村基础设施建设方面给予支持，调研结果显示，农户在合作社对农户进行农业生产便利度的促进作用及农业生产基础设施建设的促进作用中得分均值为4.11，普遍认为合作社对农业生产便利和基础设施建设有较大的促进作用。以习水县世行贷款项目帮扶合作社为例，习水县世行贷款项目帮扶合作社在农村基础设施建设方面给农户提供了很大便利。农户土地经营灌溉便利程度评价方面，41%的农户认为是方便的（比较方便+非常方便），32.80%的农户认为不方便（比较不方便+非常不方便），26.20%认为一般，灌溉的便利程度与贵州山地地形、工程性缺水的现状比较符合，灌溉设施的建设还需要进一步加强。在田土交通位置方便程度上，有37.80%的农户认为小部分方便（都不方便+小部分方便），41%的农户认为大部分方便（大部分方便+全部都方便），

21.10%认为方便与否大致持平，便利程度基本与灌溉情况相似，农户土地较分散，虽然现在农村的“村村通”和“户户通”公路已基本完成，但在较偏远地方仍存在交通不便的情况。客观来看，农户在基础设施上获得的便利整体较大，从农户主观角度也能得出同一结论：在询问合作社对农户农业生产便利度促进作用时，43 人表示作用大（较大 + 非常大），占比为 70.49%；16 人表示一般，占比为 26.23%；只有 2 人认为作用小（非常小 + 较小），占比为 3.28%。在询问合作社对农业生产基础设施建设所起的作用时，只有 1 人表示作用小（非常小 + 较小），占比为 1.64%；12 人表示一般，占比为 19.67%；而有 48 人认为作用大，占比为 78.69%。结合便利程度，农户也能清晰地认识到合作社为农户生产带来的积极影响。

加强农村基础设施建设，不仅有利于改善农民生产条件和生活环境，改变农村落后面貌，提高农业综合生产能力，还有利于农副特色产品走出乡村、走向国际市场，是扩大乡村特色产品参与国内国际市场大循环，实现农民收入增长的重要途径。

第三，营造良好的经营环境。调研数据显示（见图 6－6），9.02%的被调查者表示合作社没有自己的规章制度，经进一步调查发现是个别农户对管理制度概念的不理解造成的信息偏差；在“合作社运行过程中是否按规章制度办事”这一问题时，62.75%的被调查者认为合作社严格按规程办事、31.37%的被调查认为合作社经常按规程办事，占比为 94.12%，只有极少数农户认为合作社管理未按规程办事。如图 6－7 所示，36.08%的农户与合作社理事长间是邻居或朋友关系，其中有大部分是通过加入合作社后认识而成为朋友的；剩下还有 54.12%都是陌生人关系，并不认识，但 99.22%的被调查者表示信任理事长。由此可见，在合作社运营过程中遵守管理制度，同时，严格的经营管理制度加上农村尤为突出的熟人交际，使制度不那么生硬，农户更容易接受，在一定程度上融合了制度化与人情味的有效统一，通过合作社运营过程中遵守管理制度，营造了良好的合作环境。

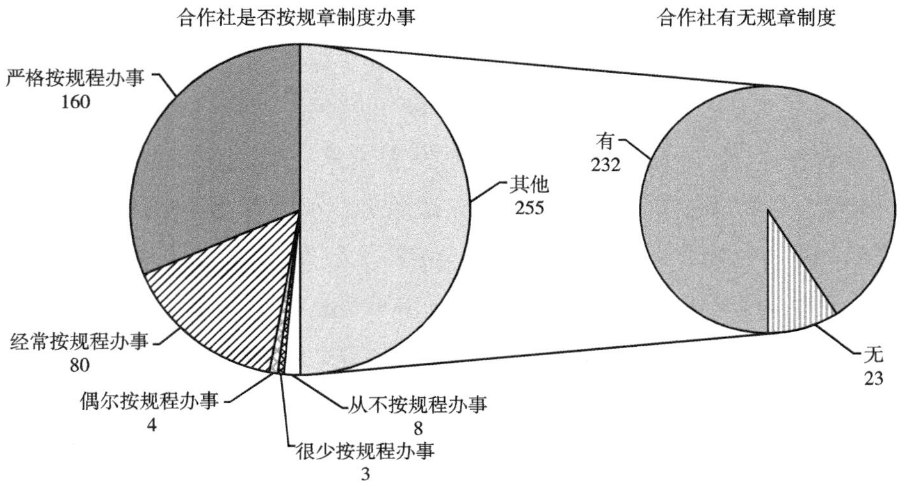

图 6－6 合作社规章制度执行情况

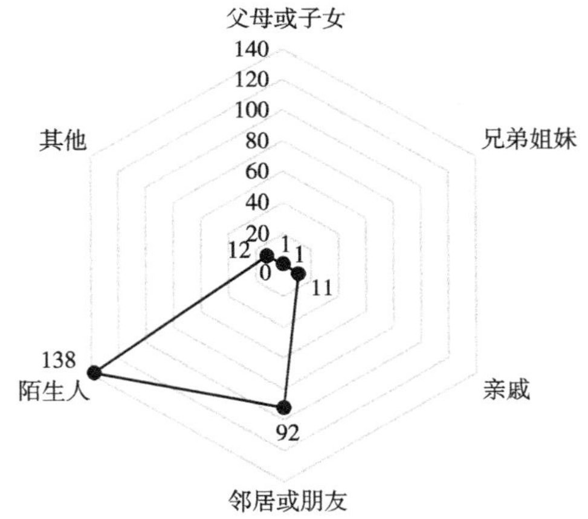

图 6－7 与合作社理事长的亲戚/亲属关系

三、村支两委深度参与合作社发展角度

（一）探索多种利益联结方式，带动农户增收致富

世界银行贷款六期项目贵州有 35 家合作社，其中有 10 家合作社是村支两委深度参与发展的合作社。合作社采用“合作社＋村委＋农户”“合作社＋农户”“合作社＋基地＋农户”等生产经营模式，规模化发展种植

业、养殖业和乡村旅游业，带动农户致富增收。

习水县桑木镇大山村奇峰麻羊养殖农民专业合作社，合作社的理事长既是村支书又是合作社负责人，通过调研了解到，习水县奇峰麻羊养殖农民专业合作社通过“合作社+农户”发展方式，已完成160户“10+1”（10只母羊，1只公羊）标准户建设，按照1户1.8万元补贴计算，合作社已完成288万元麻羊投资。按照1只羊羔15公斤，10元/公斤计算，1标准户总支出为6600元，补贴后净收入11400元。此外，合作社可以以市场价格对农户养殖到35~40公斤的麻羊进行回收，农户也可以直接把达到出栏标准（一般50公斤以上）的麻羊销售给其他买家，这样农户获得一次收益。合作社有盈余后，农户还可以按股分红，获得二次收益。项目实施后，村民主要收入来源是麻羊养殖，村民年平均收入达5万元。

习水县仙源镇乡村旅游农民专业合作社，村支书是合作社的发起人和负责人，通过“合作社+村委+农户”的利益联结方式，发展乡村旅游业，社员入股合作社，合作社作为统一的管理机构，以世行贷款项目资助为契机对社员提供旅游管理培训、订单接待、入股分红等；加入合作社的社员自己发展乡村旅游，开民宿、种蔬菜、养猪等融合发展模式，世行项目为农户提供民宿床被、每亩蔬菜补贴800元、每头猪补贴1100元等物资和资金补贴，极大地激发了农户发展乡村旅游的积极性，通过合作社带动周边农户发展乡村旅游，不仅带动了农户增收致富，还扩大了仙源镇乡村旅游影响力。

桐梓县村支两委深度参与发展的合作社是容光乡诚雄种养殖专业合作社。容光镇日照300天左右，缺水，土地比较贫瘠，试过很多产业都失败。经过考察重庆等地区花椒产业，开始试种50亩花椒，群众看到效益后积极种植，村委开始准备成立合作社。2016年7月开始成立合作社，采用“合作社+基地+农户”的发展方式进行建设，当时的社员只有50人。合作社2021年盈利30万元，盈利的75%分红，8.50%作为乡村道路亮化资金和脱贫户补助资金，留了5%作为风险防控资金。2022年合作社种植的花椒每亩产量2000-3000斤，每亩成本1400-2000元。每亩可以达到8000元的纯收入，群众的收入比较可观。村里农户在2016年之前平均收入4000左右，经过近几年花椒产业发展，收入增加一倍以上，是典型的产业带动群众增收致富。

通过调研，当合作社是“合作社 + 村委 + 农户”模式时，村委话语权提升，村委既能最先了解到政府的相关扶持政策，也能明晰反映合作社存在的困难，更能有效促进合作社的持续健康发展。例如，大方县猫场镇箐口村支书在猫场镇群联养殖农民专业合作社成立了监察领导小组，监督合作社资金使用情况、合作社运营情况、农产品质量包装以及品牌的打造。通过村支两委和合作社的一起努力，世行贷款六期项目合作社规模化发展蜜蜂产业促进了当地经济发展，带动了农户就业，增加农户经济收入。

（二）规模化发展主导产业，带动农户就地就业

村支两委深度参与的 10 家合作社，村干部带领合作社社员规模化发展花椒、养蚕、石斛、蜜蜂、蜂糖李、天麻、冬荪、黔北麻羊等主导产业，通过合作社规模化发展当地主导产业，解决产业小、散、弱等现象，产业规模化发展增加就业岗位，带动农户就地就业。

通过访谈桐梓县容光乡诚雄种养殖专业合作社副理事长了解到，规模化种植花椒，劳动强度要低一些，可以轻松地干活，是个提高幸福指数的产业，通过利用好剩余劳动力，年纪大的农户可以选择种植花椒获得经营收入，也可以帮忙采摘获得务工收入。随着如今花椒产业发展得越来越好，以前在外务工的农民已经返乡回来就业，花椒成熟的季节会有 150 人左右会参与合作社花椒采摘工作，以当地妇女为主，平均年龄 50 岁以上。

通过调研习水县温水镇怡岭麻羊养殖农民专业合作社理事长兼温水镇目里村村支书了解到，世界银行贷款贫困片区产业扶贫试点在目里村规模化发展黔北麻羊产业，带动 229 户家庭就业，解决了该村 50 岁以上劳动力就业问题，同时为外出务工的子女解决了小孩无人照看的问题，通过麻羊养殖收入和合作社临工工资收入有效缓解了家庭经济压力。

织金县村支两委深度参与合作社发展的有 2 家，是织金县兴农种养殖农民专业合作社和织金县熊场镇蚕业农民专业合作社，通过规模化发展种桑养蚕业，织金县兴农种养殖农民专业合作社已经盈利 1.49 万元。村支两

委对世行项目的帮助作用给予高度肯定，认为其在促进发展产业的同时带动农户就业，提高农户收入水平。

（三）促进基础设施改善，提升农村人居环境

世行贷款项目不仅促进了当地主导产业发展、带动农户就业，还促进了当地基础设施条件改善。织金县村支两委深度参与合作社发展的有 2 家村干部认为世行项目不仅促进了产业发展还改善了当地基础设施条件，特别是机耕道、产业路、饮水工程等基础设施建设，使当地百姓的生活更加便利。

习水县世行贷款项目区多为偏远山区，基础设施落后，给农户带来了很多不便。仙源乡村旅游农民专业合作社主要产业是种养殖和乡村旅游，该村在世行六期项目实施后，基础设施得到非常明显的改善，包括公园座椅长凳、太阳能路灯、六边形休闲亭、简易观光亭、民宿示范点建设工程、生产道路及透水砖步道工程等，为该村旅游产业发展提供了物质基础，同时惠及当地村民，为他们提供了便捷的生活保障。

大方县羊场镇新田村利用世行项目资金建设 4G 网络，村子与外面的联系更加紧密，农户眼界也更加开阔，4G 网络不仅能为农户带来丰富多彩的娱乐生活，还能为农户带来更多经济收入。农户可以利用网络为农产品直播带货，也可以利用微信朋友圈、抖音、快手宣传推广当地特色农产品。新田村在世行项目的帮助下，实现了“村村通”公路、“组组通”硬化路，农户赶集也方便了，货物流通更加便捷，一些商客也能上门收购农产品。

（四）加强组织建设，促进合作社健康发展

村支两委深度参与合作社发展的 10 家合作社相对其他合作社来说，合作社负责人不仅是理事长更是村干部，其组织程度更高些。通过调研，桐梓县容光乡诚雄种养殖专业合作社在实施世行项目初期，世行要求不允许村里干部担任理事长负责合作社，但是资源条件较差的乡村，产业发展离开村委难以工作，并且较为贫困的村庄难以引进外来企业或经理人帮助发展。村委就根据实际情况，在合作社建设运营过程中，鼓励村干部加入其中，但在股份占有上，9 个股东在合作社只占 10.05% 的股份，而普通农户

占 75%，合作社通过村委管理运营帮助农户增收、发展产业。

赤水市普惠种养殖农民专业合作社理事长既是村支书又是合作社负责人，村委干部对于本村实施的世界银行贷款贫困片区产业扶贫试点项目的知晓度达到 100%。同时，对于本村项目合作社的基本情况、参与村民数量、主要经营活动等情况都非常了解，通过村支书的积极努力，在世行项目投入建设过程中，村委主要负责项目宣传、人员组织、调解矛盾等服务性工作，项目所在村农户参与积极性都很高。

习水县世行贷款项目 9 家合作社负责人中有 3 名既是村支书，又是世行六期项目合作社理事长，他们都完全参与合作社生产经营，且对世行六期项目非常了解，包括对申请世行贷款的条件、程序等。通过调研了解到，在项目实施中，由于既是村支书又是合作社理事长，他们通过群众大会、村民代表会等形式，积极宣传世界银行贷款贫困片区产业扶贫试点项目情况，以及项目建设对当地经济发展的重要性，正确引导并鼓励农户积极加入世行项目合作社。同时，村委对涉及项目合作社提供一定服务职责。例如，习水森跃黔北麻羊养殖农民专业合作社在项目实施中就遇到了土地流转困难，后来通过村支两委与村民进行沟通协调，最终达成协议实现了流转。因此通过村委深度参与合作社的经营，向农户宣传世行贷款的政策内容，引导农户积极参与合作社生产发展，起到服务管理合作社、带动农户共同致富的作用，也提升村委在农户中的信任度。

第二节　合作社建设发展的困境制约

一、从合作社理事长角度

（一）运营资金缺乏

在调研的过程中所有合作社都表示“合作社在发展过程中出现过资金不足，资金链短缺的情况”。由于合作社特殊的性质，导致合作社在向银行等金融机构融资的过程中，存在资质审核和缺乏抵押物的情况。合作社资金长期处于流动状态，容易在投资时出现资金缺口。这也就导致了合作社的资金仅能为社员提供简单基本的产销服务，很难满足扩大生产规模的建设需求、设备的购买需求等实现发展的基本条件。尽管政府有意发展合作社，对其有一定的财政支持，但是由于合作社自身的造血能力不强，缺少可以抵押的稳定资产，很难获得金融贷款资格，导致财政支持的获取流于表面，难以发挥作用。例如，8 家黔北麻羊养殖专业合作社均存在运营资金缺乏问题。世行贷款项目资金补助只能在合作社建设时期，帮助解决厂房、机械设备、办公设备、基础设施等问题，但在合作社正常运营时，由于大部分合作社是在 2021 年才正式开始养殖，黔北麻羊养殖周期至少需 1 年，暂时没有盈余，期间饲料成本、人工成本、水电成本、疫病防治等支出巨大，运营资金严重缺乏，维持合作社正常运转的流动资金最多 2 万～5 万元，且这些资金多数是合作社理事长自己凭借个人关系借贷的。因养殖合作社涉及农户多、风险大等问题无法获得商业银行贷款，只能依靠积极争取政府涉农资金支持或者民间借贷维持合作社运转。如大方县一些合作社虽然建立了加工房，开始种植冬荪、天麻，养殖蜂蜜等，但是由于财政前期投入过大，天麻等中药材的生长期较长，导致合作社后期运营资金不足，阻碍了合作社的健康发展。虽然合作社有加工房，但是加工房设备短缺，一些基础性设施无资金购买，影响合作社后续发展，加工房也就成了摆设，不能将其好好利用起来。又如，大方县顺贵种植农民专业合作社入股人员全部是贫困户，且大多是土地入股，合作社缺乏资金，后期资金量已不能满足合作社生产运营，严重影响合作社盈利。另外，受极端冰雹灾害和疫情影响，合作社经营状况不佳，导致合作社常常面临正规金融机构的信贷约束，存在严重的“融资难”等问题。

（二）技术指导缺乏

合作社缺乏技术，难以解决对外部主体过分依赖、技术推广无法因地制宜、科技成果转化率低、成本控制力度不足等合作社发展所面临的各项问题。在现实施行中，推广内容与现实情况经常存在内容偏离、时间错配的现象，社员对农技知识的获取很少，进而导致科技成果转化率很低的结果。例如，赤水市9家合作社均表示从未接受过高校、科研院所等技术指导，有7家合作社表示从未进行过技术人才的引进。技术人才和技术指导的缺失，使农民合作社的技术劣势难以得到缓解，严重阻碍了合作社的运营和发展；同时，多家合作社由于技术的缺失，使得在面临一些突发、重大且不常见的经营风险时，往往造成较大损失。有理事长表示，当这种突发情况发生、自己又束手无策时，只能临时求助其他公司和合作社，但始终远水不解近渴。大方县农民专业合作社的社员大多数综合素质还不高，适应市场经济的意识和能力还不强，懂技术会管理、市场开拓能力强的复合型人才更缺乏。从而导致对政府的依赖性增强，制约了合作社的创新和发展。缺乏长远规划和具体设想，有的"等、靠、要"思想严重，总想政府和部门扶持，开拓创新意识不强；有的对市场经济规律认识不足，在合作社内部协作意识不强，导致合作社功能弱化，竞争力偏低。在桐梓县调研过程中发现，合作社中农业技术推广人才缺乏，普遍是有经验的社员进行技术指导，而社员本身知识储备有限，难以理解、吸纳相关技术知识。尽管政府专员、农业企业派驻的技术人员均在积极推广农业技术，但是仍旧存在巨大缺口；由于专业的市场管理人才的缺乏，导致农民合作社对市场方向把握不准确，无法发挥出农产品的价值；产品包装技术人才的缺失，使合作社对农产品的销售缺乏包装意识。习水县8家黔北麻羊养殖专业合作社，只有2家合作社与遵义市农业科学院畜牧专家有合作，3家有专业技术人员和兽医，其他合作社大部分靠饲养人员个人养殖经验，出现疫病时，病死率高，损失严重。农户在规模化养殖时，由于自身知识水平偏低，遇到极端天气灾害或重大动物疫病时，无法及时救治，养殖损失重大，如2021年冬天1家合作社因海拔高，遭遇寒潮，冻死100多头麻羊，损失惨重。访谈中，8位理事长一致认为在规模化养殖时一定要加大专业技术人才引进，加强农户养殖技术培训，在一定程度上减少养殖损失。织金县加工人才缺乏，特别是懂魔芋加工技术的人才缺乏。

（三）品牌意识薄弱

在当前激烈的市场竞争中，仅靠产品价格和质量是远远不够的，还需要借助品牌效应，品牌能帮助产品提高市场竞争力，从而带来巨大的经济效益和社会效益。赤水市9家合作社中，注册商标的仅有4家，这就使赤水特色农产品（乌鸡、石斛）在周边地区小有名气，却很难走向更远、更大的市场。织金县拥有商标的农民专业合作社只有4家，注册的品牌为“保桑”“贝心逸”“小魔仙手工魔芋豆腐”“白泥人”“草根牛”等，8家合作社均未获得绿色或者有机认证，仅1家合作社建立了产品质量可追溯体系，农民专业合作社的品牌竞争力相当薄弱。由于注册商标经历的时间较长，且在财政政策方面也没有对合作社商标注册、品牌建立等方面给予优惠支持，很多合作社都表示不需要注册商标。大方县的合作社建立了自己的农产品品牌，使农产品品牌效益提升，但是通过访谈可知，大多数合作社没有认识到农产品认证“两品一标”价值，合作社的品牌效益较低，同时政府对“两品一标”的宣传和推广上还存在不足。

二、从合作社农户角度

从调研情况来看，获得世行贷款项目支持的合作社在带动农户经济收入、提高农户技术水平、改善生产生活条件等方面取得了很大进展，但合作社在带动农户增收致富过程中仍有改善空间。

（一）农户自我发展能力方面

第一，农户对政策认知不够，政策宣传力度有待加强。调研的合作社均得到世界银行项目支持，但在访谈过程中发现，农户对世界银行贷款项目知晓度较低，34.51%的被调查者表示不知道合作社获得世界银行资金支持，57.65%的被调查者不了解合作社在世界银行的贷款情况。其中赤水市瑞婷婕种养殖农民专业合作社社员在初期问卷过程中均不知晓合作得到世界银行项目支持。

第二，农户老龄化严重，受教育水平低。在调研的255个农户中，如图6-8和图6-9所示，年龄在50岁以上的占比为56.47%，合作社社员多为中老年人，被调查者中85.49%受教育年限仅有0~9年，其中包括未上过学的农户，接近半数农户为初中文化水平，整体受教育年限的中位数为5～6年，总体受教育程度不高，访谈过程中部分农民的文化水平和理解能力有限。

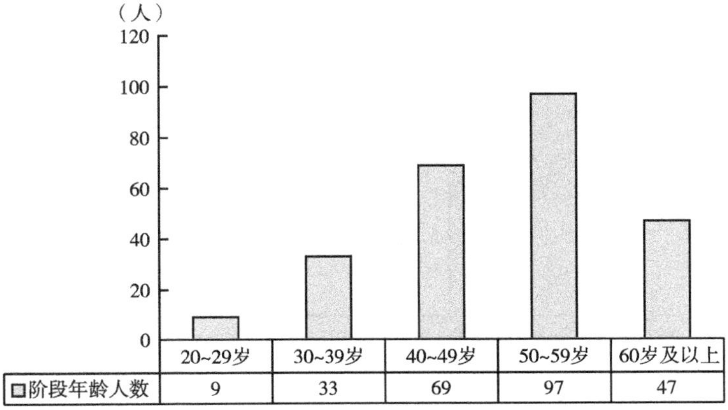

图6－8 被调查者年龄

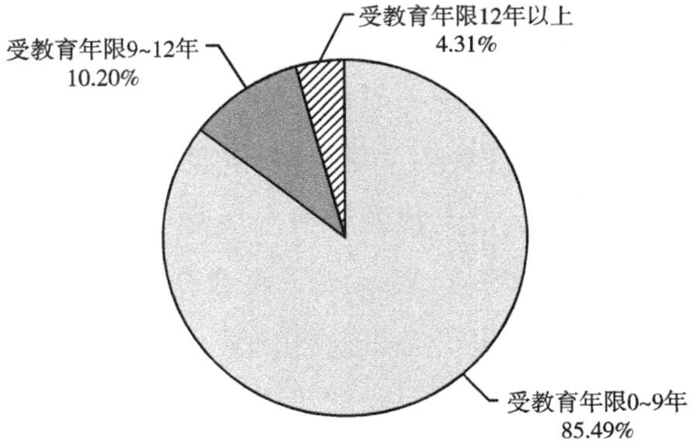

图6－9 被调查者受教育年限

第三，自立意识强，但发展后劲不足。尽管85.88%的被调查者表示致富还需要依靠自己，但45.53%的被调查者从未主动学习过新技术，56.67%的被调查者从未尝试种植新品种（见图6－10），10.08%的被调查者在合作社推广一项新技术时，在强制要求用时才用，甚至有被调查者表示拒绝使用合作社推广的新技术，并且46.67%的被调查者没有转移性收入，表明大部分被调查者仅靠合作社务工或入股产生经济效益。新技术能提高农业效益，是农民增收致富的重要保障，然而大部分农户没有主动学习新技术，缺乏接纳新事物的意识，发展后劲不足。

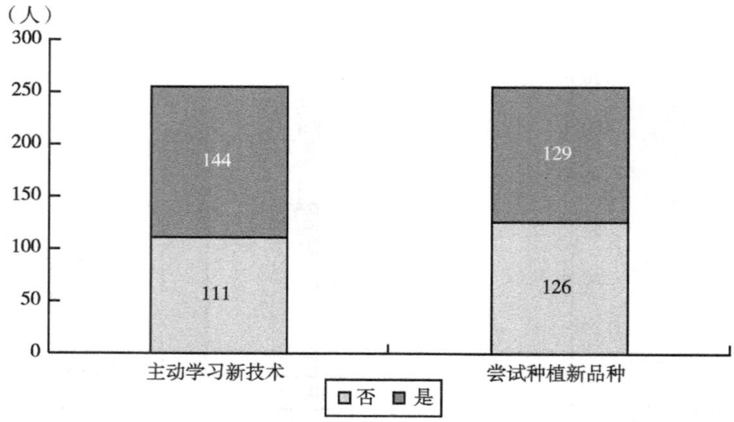

图 6－10　被调查者学习新技术、种植新品种

（二）农户与合作社联结方面

第一，农户合作社盈亏情况不了解，财务透明度有待增强。在访谈到合作社普通社员是否了解合作社上年的盈亏情况时，42.75%的被调查者表示不太了解或不了解。赤水市永福源种植农民专业合作社中有9位（占所访谈该合作社10位农户90%）表示不了解合作社经营状况，可以看出，合作社在经营情况透明度方面仍有改进的空间。

第二，契约形式单一，利益保障意识有待提高。调研数据显示，被调查者中有115人在合作社务工，但务工者中51.30%的务工人员没有与合作社签订雇佣合同（见图6－11）；签订合同的务工者也仅有60.71%为书面雇佣劳动合同；被调查者中有44人为合作社提供销售、运输、储存等服务，但52.27%的人没有与合作社签订销售合同。由此可以看出，契约形式单一，大多数农户与合作社之间的合作仅仅依靠非正式契约，依靠信任和关系维持合同关系，缺乏相关正式劳动合同，存在契约违约风险，农户利益保障意识有待提高。

第三，部分合作社抵御市场风险能力较弱，合作社经营发展需要更多

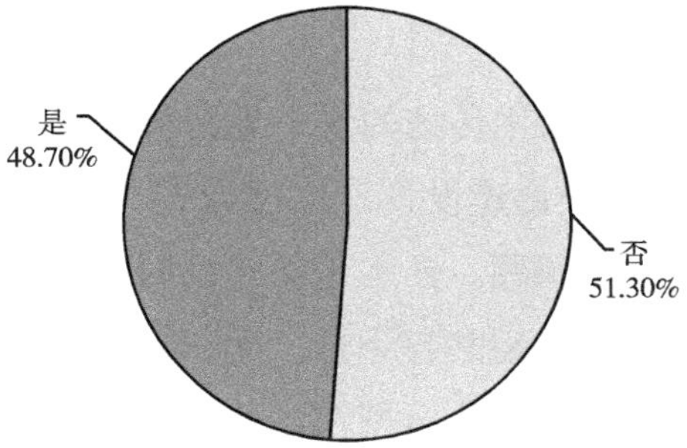

图 6-11　是否与合作社签订雇佣合同

政策支持。通过对农户进行访谈，部分农户表现出了对合作社产品销售存在困难的担忧。特别是在赤水市调研过程中，赤水市富康种养殖农民专业合作社、赤水市仙草谷种养殖农民专业合作社、赤水市永福源种植专业合作社、普惠种养殖农民合作社的被调查者表示金钗石斛生产周期较长，前期投入较大，但目前又出现了市场上供给过多的情况，导致石斛价格大幅下降，且存在没有固定销路的问题，与金钗石斛种植有利益联结 31 户农户中的 17 户农户（占比为 54.88%）表示出现在合作社种植的金钗石斛销售存在市场价格不稳定或销售困难的难题。

三、村支两委深度参与合作社发展角度

（一）村委与项目合作社的黏性不够，对项目发展的监督不强

从走访的村委了解到，32 个受访村干部中有 19 个村干部对项目合作社基本了解，但对其投资计划执行情况、经营盈利情况、福利情况、管理情况等不清楚，甚至有村干部只知道合作社是种什么或者养什么的，但具体情况一概不清。一是调研期间个别村委干部存在刚换届情况，并未及时了解项目建设情况。二是大部分的村委都只负责项目前期服务性工作（包括项目宣传、组织人员、调解矛盾等），缺乏监督管理职责，只有大方县的村委干部提到定期到合作社开展监督检查的工作。

（二）销售渠道单一，市场推广面窄，存在产品滞销风险

项目合作社主要还是采用传统的农产品销售模式，36 个受访项目合作社只有 12 家有线上营销平台建设，占比仅为 33.33%。且产品市场推广面窄，农产品容易出现滞销问题。赤水市受访的村干部普遍反映，项目合作社面临的最大苦恼是石斛的销路打不开，尤其是 5 家石斛种植合作社的辐射村。赤水市的合作社反映以往石斛市场价格高，现在市场萧条，再受疫情冲击，这无疑是给合作社和农户"雪上加霜"，而且合作社给金钗石斛申请的"药食同源"的商标也未通过国家认证。习水县 8 家黔北麻羊养殖合作社均未实现盈利分红，一方面由其中 6 家合作社出资组建的加工厂——贵州智道农业发展有限公司未投入使用，合作社和社员还是以销售活羊为主，产品附加值较低；另一方面，活羊的销售渠道主要是零售，且大多是销给本乡镇办红白喜事的人家，极少数卖到县城里的小餐馆，市场面窄。据调研访谈，一只麻羊饲草量 1.5 公斤/天，市场上的豆草价格为 1600 元/吨，那么 500 只存栏量的麻羊养殖合作社仅饲草费就要 1200 元/天。可见，产品滞销给合作社带来的直接经济损失不容小觑。同样，桐梓县官仓镇受疫情影响，30 多吨鲜葛根滞销，合作社损失惨重。

（三）合作社融资渠道少，面临"融资难"问题

合作社在资金融通上存在一定困难，一方面，合作社本身收益较少，从目前调研数据看，36 个受访项目合作社 2021 年销售利润均较低，其中超过 100 万元的仅 6 个，甚至有 8 个未实现收益，故很难实现内部资金融通；另一方面，合作社理事长文化程度普遍较低（本科及以上占比仅为 22%），合作社规模小、管理体系不完善且抵押物有限，因此获得商业银行贷款的数额有限，而其他的融资方式如股权融资、债权融资等有严格准入要求，无法实现；民间贷款又存在较大的违约风险和较高的利率问题。这些都造成了合作社融资渠道少、融资相对难的问题。桐梓县容光镇合作社反映，由于银行挂帮容光镇，才特批以合作社的花椒树作为抵押物贷款 100 多万元发展产业。习水县 9 个受访项目合作社没有 1 家获得银行的资金

支持。织金县调研数据显示，25% 的合作社通过银行贷款融资，50% 的合作社通过民间借贷进行融资。

（四）部分合作社有污染环境问题，不利于绿色发展

“绿水青山就是金山银山”。产业生态化和生态产业化是我们建设绿色高质量发展乡村的必然要求。赤水市世行六期项目的 4 家养殖合作社区域村委均提到了养殖合作社造成的环境污染问题。一是空气污染问题，村民普遍反映乌骨鸡养殖造成村里的空气出现异味；二是水源污染问题，旺隆镇朝阳村村委会副主任谈及，个别村民反映农惠种养殖农民专业合作社因为排污不当，造成了水源污染，而后村委与合作社理事长进行了交涉，合作社采取了补救措施，通过修建水池使水污染得到一定缓解。

第三节　本章小结

世行项目贵州示范区合作社建设经验总结从合作社考察和理事长访谈角度、利益联结农户角度、村支两委深度参与合作社角度三个方面深刻全面剖析了世行项目在贵州示范区合作社建设发展的经验亮点，在世行项目的资助下贵州示范区合作社在发展地方特色产业、探索利益联结机制、“能人”带动效应、延长产业链条、拓宽产品销售渠道、健全各项管理机制、农户经济收入与技能水平、农户生产生活方面形成了实践特色，打造出贵州示范区合作社建设独有的工作亮点。

但是在调研过程中，通过从访谈合作社理事长角度、合作社农户问卷访谈的角度及村支两委深度参与合作社发展角度三个方面也发现了贵州示范区合作社建设发展的困境制约，其中包括运营资金缺乏、技术指导缺乏、品牌意识薄弱、农户自我发展能力不足、农户与合作社联结不紧密、村委与项目合作社的黏性不够，对项目发展的监督不强、销售渠道单一，市场推广面窄，存在产品滞销风险、合作社融资渠道少，面临“融资难”、部分合作社有污染环境问题，不利于绿色发展等问题。

第七章

合作社高质量建设发展的对策建议

第一节　项目型合作社建设与发展的对策建议

一、强化社内制度建设，提高规范经营水平

为化解项目型合作社在项目完结或者扶持政策结束后处于被动经营局面，促进合作社良性健康发展，需强化合作社管理、生产与经营制度建设。首先，管理制度方面应着重注意薪酬分配的合理性。尤其针对项目后期投入资金产生的收益，政府部门应结合当地实际尽快出台不低于平均水平的量化办法，量化标准也应最大程度地向合作社社员倾斜。而合作社则要根据该办法重新计算出分红比例，并通过成员代表大会或社员大会形式予以公布付诸实施。其次，生产制度方面，应注重形成对所有社员生产成本等活动的监测记录，并据此评估效益水平，为调整合作社运营计划提供参考。同时，合作社监事长要带头承担好理事会应有的职责，对合作社生产情况监督到位。最后，经营制度方面，合作社要制定出囊括经营目标、策略制定、风险应对、反馈总结等内容在内的详尽的经营计划，并能根据现实经营情况及时调整。类似世界银行在发展中国家开展的农业中长期贷款，对于项目的制度执行管理都已经有着相对成熟的经验和严密的体系，在对项目型合作社的建设发展有着重要的借鉴意义。通过实地调研和人员访谈，合作社理事长、成员能够深入了解项目地区的相关制度、基本情况和发展

需求，完成了项目初期的可行性报告，确定项目具体执行时间的安排、可行性分析、产业状况、市场分析等，通过对项目地区的产业发展前景和定位进行评估后，确定了项目执行的财务管理方案、财务评价、风险评估等内容，逻辑严密的过程，能够确保项目可持续的发展。

二、发挥能人带动效应，促进农民增收致富

充分发挥“新乡贤”能力强、资源丰富、渠道多、人脉广的作用，返乡当创业致富带头人可以通过做项目带动身边的小农户。通过能人带动效应，可以最大程度消除农户参与创业的壁垒，让原本的“门外汉”参与到特色产业发展的市场运作中。在项目型合作社中尤其要挖掘村域内的能人带动效益，乡村能人的个人能力、经济实力、社会资源会远优于普通村民，能够充分利用体制内资源与经济资源联结将合作社经济和外部社会连接起来，争取外部资源的支持。

比如织金县和大方县世行项目合作社负责人责任心强，能人带动效应显著。通过访谈合作社负责人，世行项目只负责提供前期建设资金，合作社在发展过程中普遍存在流动资金缺乏等问题，加上受自然灾害和市场环境等因素影响，产业效益未充分发挥，合作社负责人通过垫付周转资金或靠个人关系借贷维持合作社正常运转。虽然发展存在困难，但合作社带头人依然充满信心，尽最大可能为社员提供好服务，带动社员把农产品种植规模发展壮大，带动社员增收致富。

三、积极拓宽融资渠道，增强市场对接能力

资金作为合作社经营发展的“血液”，合作社运营的任何环节都离不开资金支持，开拓多元化融资渠道，保障资金充裕显得尤为重要。一是加强与当地发展较好的合作社联合发展，通过设施设备、土地资源、人力资源、技术、品牌等合作共享来破解资金不足的问题，联合形成农业联合社、实现产业集群效应，实现资源优化配置，真正发挥合作社的龙头、桥梁和

纽带作用。二是政府部门帮助建立起与当地农业银行、农村信用社等金融机构的沟通机制，因地制宜地开发多种抵押产品，在制度允许的情况下进行农业贷款试点，允许合作社以大型农用设施、流转土地经营权等抵押贷款。同时银行也要积极创新信贷品种，简化信贷手续，提供优质服务，提高贷款审批速度；适度扩大金融服务覆盖面，鼓励金融机构下沉到基层行政村；支持和引导农业担保机构优先为合作社提供担保贷款，扩宽农业贷款来源渠道。三是加大对合作社的政府支持力度，帮助项目型合作社平稳过渡。设立财政专项资金，支持带动作用明显、发展潜力较大的项目型合作社，以发挥其示范作用；财政专项资金要作为约束性资金安排，专门用于农产品研发、销售、质量标准与认证、人员培训、基础设施建设、技术推广等。定期开展申报示范合作社培训指导，对达到项目标准的合作社给予资金补助，对获得省、市级示范合作社的给予额外资金奖励，强化金融支撑，设立普惠金融发展专项基金，用于涉农贷款增量奖励和农村金融机构定向费用补贴，鼓励引导金融机构加大对合作社的信贷供给。四是积极参加展销会，以产品推介的形式吸引社会资本注入，充分发挥社会资本灵活性功能，为项目型合作社发展提供“超值”的金融服务，有效满足项目型合作社长期发展的资金需求。

四、扩宽产品销售渠道，延长加工产业链

一是拓宽销售渠道。项目型合作社要积极尝试与企业进行电商合作，通过线上线下结合的方式进行销售，不断满足消费者需求。政府部门帮助发展“互联网＋”合作社，鼓励具备条件的合作社在知名电商、网络直播、社交媒体等互联网开设网店，引入网络带货方式帮助合作社发展线上销售，探索网上定制和订单生产新模式，不断拓宽合作社产品销售渠道。二是大力发展三产融合，增加农业附加值。鼓励有能力的项目型合作社进行农产品加工生产，尽量选择与具有加工能力或者销售渠道的企业合作生产，降低投入成本，提升农产品价值。依托当前居民旅游需求不断增长的机会，大力发展旅游观光、农家乐采摘、农宿体验等模式，不断推动农产

品生产、加工、休闲观光、特色产品销售等“一二三产”融合发展。三是转变简单扩大生产规模的传统观念，全面引入全产业链发展理念。在农业产业发展上重视发展良种繁育、标准化种养和加工、检验检测、质量认证、品牌创立、包装设计、物流运输、市场营销及电子商务等环节的农产品全产业链，重视合作生产经营、专业化分工，与其他经营主体联合发展、取长补短，在节约自身建设成本的同时延长产业链，探索现代化、专业化合作社发展模式。

五、探索多种利益联结方式，提高规模化集约化程度

项目型合作社探索和建立企农利益联结机制，形成利益共同体、命运共同体和责任共同体，使农民在共建共享中有更多的获得感与幸福感。支持农民、集体以土地或其他资产入股合作社，建立合作社与农户之间的股份合作关系。鼓励农户流转土地，集中土地资源，推进规模化经营。提高规模化集约化程度，提升抗风险能力。合作社通过流转农户土地、聘用农民务工、创新利益分配等方式，让农户获得租金、薪金、股金，合作社与农户之间形成“股份式”利益联结机制。以世行项目为依托实施合作社产业扶贫势必将触及多个主体利益，以项目为牵引密切联结了村委、农户、公司、农业大户等主体，因此只有多方联动齐聚合力，才能有效发挥合作社的益贫性，加快扶贫效应凸显。织金县合作社采用“合作社＋基地＋农户”“村社共建”等生产经营模式，规模化发展蚕产业、魔芋产业、猕猴桃产业，带动社员致富增收。合作社社员以村集体土地折价入股，将小而散的土地集中利用起来，盘活土地资源，带动农民增收致富。习水县合作社采用“合作社＋农户”“合作社＋基地＋农户”等经营模式，规模化发展黔北麻羊养殖产业和乡村旅游业，带动社员致富增收。通过多种利益链接充分发挥合作社的规模经济优势，促进资源配置效率的提升，提高农业生产集约化水平。发动农户加入合作社，扩大合作社经营规模，保持经营规模适度，提高合作社规模化水平；加大农业科技投入，引入先进技术设备，提升合作社农业机械化程度；合作社应发挥的规模优势，通过团购、

定购等方式以较低价格买进农业生产资料，减少中间环节，降低成本。

第二节 农业合作社高质量发展的对策建议

一、加强合作社制度规范建设

关于合作社制度规范建设主要是两个方面，一方面是政府制定相关政策措施，支持合作社的发展，自上而下制定宏观指导政策和配套措施，为合作社的发展创造良好的制度环境。要建立合作社各项政策宣传平台，使得政策可以直达基层，用通俗易懂的方式告知农户，确切理解政策的含义；也要制定相应的监督政策，保证政策落实落地。另一个方面是合作社自身运营管理制度建设，合作社要进一步加强规章制度的建设，加强档案管理，实行社务公开。建立健全社员大会、理事会、监事会等组织机构。执行财务会计制度，设置会计账簿，建立会计档案，规范会计核算，公开财务报告。依法建立成员账户，加强内部审计监督。同时要加强合作社成员的规范化的管理意识，让成员们清楚了解自己与合作社之间的利益联结机制，提升他们在合作社中的责任意识和归属感。此外，加强合作社机构组织、财务管理、人员管理、产业模式等方面的规范化建设，采用现代化的管理模式对合作社的人、财、物进行规范管理，降低合作社发展过程中的管理风险和财务风险。从制度上规范合作社的运行，可以增强合作社运营管理能力，提升合作社带动农户的效果，促进合作社的高质量发展。

二、厘清合作社产权关系

只有厘清农业合作社产权关系，降低股权集中度，强化广大社员在合作社中的主体地位，才能降低社员的生产生活成本，有效满足社员在生产生活等方面的多种需求，稳固合作社与社员之间合作关系，保障社员的合作收益。一是村集体经济组织、种养大户等领办农民合作社的，要严格区分领办者与合作社之间的产权，厘清与合作社的产权关系，做到财务分开、独立核算。合作社接受的项目资助、捐赠物资、财政补助等资金、资产要依法量化到每个社员，该分给社员的可分配盈余按合作社规定的方案分配给社员、登记在社员账户下。二是限制每个社员的持股规模，在配股比例上，每个社员持股比例以不能控制合作社为限度，鼓励普通社员对合作社出资入股，尽量降低股权集中度。合作社发展壮大后，允许普通社员增加出资扩股或吸引其他普通社员出资入股，逐步减少核心社员的持股比例，促进产权结构由核心社员集中型向普通社员分散型转变，形成合理的产权结构，防止决策权集中在少数核心社员手中，增强普通社员的认同感。同时，通过合作社章程或者其他管理制度，明确合作社经营管理人员的工资待遇，该给付的报酬要及时兑现，提高经营管理人员工作效率，并根据对合作社资金投入、经营管理、开拓市场等贡献的大小给予奖励，激发核心社员的积极性和主动性，增强合作社在市场经济条件下的竞争力。三是建立具体的内部规章制度和公平合理的盈余分配机制，保证普通社员在盈余分配等重大事项上的知情权和话语权，落实社员选举与表决过程实行“一人一票制”、按交易额（量）比例返还可分配盈余等规定，真正实现社员与合作社利益有效联结。另外，鼓励农民合作社所有社员积极参加社员大会，加强对合作社管理人员、理事和理事长的有效监督，督查监事会成员或者执行监事切实履行监督等职责，促进合作社民主管理、健康有序运行。

三、提高村委服务管理能力

村委要做好服务管理工作，既是村集体的“好管家”，又是政府的“好帮手”，可以有效协助管理合作社的有序运行。涉及合作社的生产资源、政策支持分配上，村委要建立公平的分配方式；在人才激励培养方面，村委要积极帮助合作社积极引进乡村能人、乡贤、乡村精英等，做到“就地取才”和“外来引才”；在基础设施方面，村委合理整合资源为合作社完善基础设施提供便利。合作社要积极主动与村委沟通合作社发展状况，必要时村委可以建立社员反馈制度，社员可直接向村委反馈合作社发展建议和意见，村委作为服务管理的第三方帮助协调合作社与社员之间和谐发展。村委要及时关注农业支持政策并向合作社宣传，尤其是针对合作社的专项帮扶资金，如金融惠农贷、贷款贴息、无抵押无担保低利率的银行贷款信息，及时向合作社传达，迅速开展资金申请流程，及时补充合作社发展资金。村委要做好合作社的运营、资金监督，汇总合作社资金状况并及时上报有关部门，以便对标合作社现状出台相应支农政策。

四、完善经营主体利益联结机制

在合作社培育过程中，需要协调好合作社、企业和农户三方的关系，农户可以通过加入合作社，与合作社之间形成利益联结机制，合作社将农户的产品售卖给企业，从而也与企业构建了利益关系，要重视各方的分工合作、资源共享和利益联结机制，协调各方之间的利益分配，形成一体化的运行模式，从而带动农民增收，实现农业现代化的发展。首先，合作社要充分发挥自身综合组织的优势，实行统一采购、统一销售提高农民在市场的议价能力和地位，同时为成员提供需要的市场信息、技术支持、资金和教育培训，提高农户农业生产技术，进而提高合作社发展的水平。其次，建立企业和合作社之间的联结机制，企业帮助合作社在建立程序、资产评估、财务核算等提供服务，合作社为企业提供统购统销的方式，降低了企业收购运输的成本，合作社帮助企业把控质量，提高了企业产品的质量，使得企业达到规模效益。最后，加强农户与合作社之间的利益联结，首先要加强农民专业合作社的宣传。可以通过村民大会、宣传手册、专业人员入户指导等方式，使得农户了解合作社的运行机制，让他们清楚明白通过合作社实现抱团发展，可以帮助他们增收致富，从而激发他们参与合作社的积极性。此外，农户拥有的最大资源优势是人力资本和土地资源，要吸引拥有资金、技术和土地资源的农户加入合作社，提高农户在合作社中的主体地位，提高其在合作社中的话语权。在建立合作社的利益联结机制中，要确保参与的各方主体合作共享，自身利益最大化、互不侵犯，实现资源共享，鼓励参与主体合作的模式创新，能够更好地进行利益协调，提高运行效率。

五、鼓励合作社联合发展

农业合作社之间“抱团”发展就是以农业经营的利益联结为纽带，整合资源，降低农业生产成本，提高合作社劳动生产效率、市场竞争和服务带动能力，进而推动农民合作社高质量发展。一是通过成立联合社的形式实现“抱团取暖”，整合多个合作社的资源，破解单个合作社资源受限、实力薄弱点问题，统一采购生产资料，统一价格对外销售，充分发挥各合作社的比较优势，大大增强服务带动能力，降低交易成本，获得较高的净收益。政府应出台支持联合社发展的相关政策，明确联合社的合法地位。特别要把产业链条上的农业合作社联合起来，建立产业链联合社，延伸产业链条，提高产业附加值。二是在合作社专注农业生产的基础上，鼓励与专业化涉农经营主体合作，细化农业产业链分工，构建“农业合作社 + 新型农业经营主体”组织模式，让农业合作社与企业、家庭农场、职业农民等农业经营主体加强合作，同时注重加强与农机社会化服务组织、农业供应链企业、金融保险机构、营销平台以及网络主播等新型涉农经营主体分工协作，实现优势互补、协同发展，提高农业生产率、资源利用率和产品增值率，不断增强合作社的市场竞争能力和经济实力。

六、拓宽多元化融资渠道

资金短缺问题是制约合作社良性发展的瓶颈之一，亟需探索多元化的融资渠道帮助合作社可持续发展。一方面，需要充分挖掘合作社的人才和资源潜力，鼓励农村拥有土地、资金和高人力资本的农户加入合作社，利用农户资源入股合作社，降低合作社发展的成本，发挥好合作社带动农户互助发展的目的。另一方面，积极开展合作社融资、信贷的试点探索。合作社要提升自身的综合实力，完善财务规章制度和财务报表材料，满足银行贷款的各项要求，以便获得银行的资金支持。优化合作社的融资环境，金融机构针对合作社的融资需求，制定专门的政策，扶持合作社的发展。

完善农村的产权交易市场，搭建合作社多元融资平台，提高合作社资产、资源的贷款融资能力。此外，合作社也要积极争取政府部门、农发行、亚洲发展银行和世界银行等相关涉农发展项目资金，由财政、农业或金融机构统一管理分配专项资金，合作社通过制定项目资金规划向乡镇相关政府机构申报，由管理机构进行评估发放专项基金。

七、加强合作社人才培育

核心技术专业人才、创新型品牌营销人才等人才队伍建设是农业合作社高质量发展迫切需要解决的短板问题，也是农业合作社实现规范运营和提升创新发展能力的关键所在。首先，加强合作社带头管理人员的教育培训，提高管理人员的综合素质，提升合作社的管理水平。引导高等院校、科研院所尤其是农业类研究机构对合作社管理人员和社员开展综合能力的培训学习，拓宽管理人员的眼界和视野，提高合作社社员的文化知识素质、农技水平和管理运营能力。政府农业部门可以尝试建立合作社管理人员教育考核制度，对成员进行定期相关培训内容的考核，从而培育一批有技术、懂文化、会管理的合作社管理人才。二是吸纳培育返乡人员，壮大农民合作社人才队伍。引导返乡人员参与农业合作社的建设和管理，返乡人员在城市务工积累了一定的工作经验，能够紧跟时代潮流，更能了解市场消费需求，通过和当地村民集思广益、思想碰撞来带动合作社的发展。三是吸引城市优秀人才到农村创业创新，成为合作社致富带头人。合作社可通过优化工作环境、提高薪酬待遇等方式，吸引懂市场、懂技术、懂管理的复合型人才引导城乡人才的交流学习，开展“技术”“销售”入股合作社方式，集聚社会管理人才、技术人才、销售人才到合作社，形成合作社人才引进和培育的良性机制。鼓励高校和科研院所的专业技术人员到农民专业合作社服务和兼职，担任技术顾问或从事技术开发和服务，助推合作社专业技术的发展，如果可以更进一步，可以与相关高校、科研机构建立稳定的交流合作，联合培养合作社发展需要的各类专业人才。

八、加大技术培训力度

针对合作社不同人员构成，分类开展技术培训。针对合作社管理人员的培训，一是加强合作社运营管理人员的教育学习培训，提高管理人员的综合素质，提升合作社的管理水平。二是合作社管理人员要提升运营管理、财务管理、市场营销和产品推广等方面的知识，引导管理人员向专业化企业管理人才转变。针对社员农户，一是通过举办培训班和培训讲座，向农户传授合作社的管理经验和规范运作流程，开展农业实用技术知识培训，提升农业技术水平，实现农业生产主体现代化的目标；二是让社员认识到自己的权利和义务，通过组织宣讲活动，加深社员对农业合作社的认识和理解，帮助他们强化自身的主人翁意识、权利意识、参与意识。

对于合作社理事长或管理层领导，除了要了解上述的技术问题和提升对合作社的认识，还要组织他们学习和掌握必要管理知识，了解最新的管理理念，了解农业生产信息、技术信息和市场信息，从而可以更好地把握合作社的发展方向。

九、提升农产品品牌影响力

合作社要提高农产品价格、提升农产品竞争力，实现农产品优质优价，就要从提升农产品品牌影响力来发力。一是合作社要利用当地资源禀赋，集中力量发展产业形成“一村一品”“一县一业”的产业发展布局，带动成员开展连片种植、规模饲养，壮大优势特色产业，培育地方农业品牌。地方合作社之间进行联合或借助营销平台、带货主播的营销力量，开展品牌建设主题宣讲、宣传。例如当地合作社联合举办地方特色的农产品展销会、博览会、农产品专场带货直播等活动，合力打造地方特色品牌。二是积极推进商标注册与产品质量认证，从而避免因品牌缺失、品牌影响力弱造成的压价销售现象；同时，产品品质作为一个品牌的重要支撑，在经营过程中要坚持质量第一，加强农产品质量安全管理，通过农产品质量标准体系、质量保证与监管体系的建设，促进合作社农产品品质提升。三是要积极引导农民专业合作社打造品牌，实施品牌策略，扩大农产品的知名度和销售途径，切实增强市场竞争力。注重开发“名、特、优、新”农产品及加工品，特别要大力开发名牌产品和特色产品。五是县乡村振兴局给予合作社财政支持，鼓励合作社积极进行农产品“三品一标”建设，力争每个合作社产品都有“三品一标”，通过创建品牌，不断增强合作社的竞争能力。四是积极利用淘宝、天猫、京东等大型电商平台，通过带货主播、网络达人帮助推销特色产品，借助微信、抖音、快手、微博等平台的公众号、视频号、社交账号等强大的信息扩散能力，多元化、多渠道、多场景地增强本土特色农产品的市场竞争力以及品牌影响力。

第三节　本章小结

本章关于合作社高质量建设发展的对策建议从项目型合作社建设与发展和高质量合作社建设与发展两个方面提出对策及建议。针对项目型合作社建设与发展提出建议，要强化社内制度建设，提高规范经营水平；发挥能人带动效应，促进农民增收致富；积极拓宽融资渠道，增强市场对接能力；扩宽销售渠道，延长产业链；探索多种利益联结方式，提高规模化集约化程度。就如何建设高质量合作社也提出了针对性建议和对策，要加强制度规范建设，厘清合作社产权关系，提高村委服务监督能力，完善经营主体利益联结机制，要鼓励农民合作社联合发展，拓宽多元化融资渠道，加强合作社人才培育，加大技术培训力度，加强农产品品牌建设。

合作社发展要不断发挥优势补齐短板，在政府政策支持、财政支持和基础设施建设支持下，联合社会机构不断完善农业上下游产业服务，借着乡村振兴战略的发展机遇，必然可以朝着农业现代化的产业振兴目标不断奋进。

第八章

合作社发展案例

第一节 农民专业合作社发展案例

湄潭县拥有优越的自然条件和悠久的茶叶种植历史，但同时也存在季节性劳动力缺乏和茶叶产品质量参差不齐的问题，在这样的背景下2009年成立落花屯茶叶专业合作社来整合村镇茶产业发展资源，通过与多元化经营主体合作发展，构建完善的利益联结机制、基地管理机制、持续发展机制和产品产销机制，促进茶产业升级、技术支持、延伸产业链和品牌化发展，领衔茶产业高质量发展。

一、合作社成立的背景

（一）湄潭茶产业发展基础较好

湄潭县以其得天独厚的自然条件和悠久的茶叶种植历史成为贵州著名的茶城和茶叶生产重要基地，茶叶种植面积持续扩大，茶产业成为该县的主导产业，带动了当地经济和就业增长。湄潭县是贵州著名的茶城，被评为贵州省第一茶县和全国茶叶百强县第一位。该县拥有两个享有百年世博中国名茶金奖的公共品牌——“湄潭翠芽”和“遵义红”。湄潭是贵州省茶叶的主要出口基地，也是全国无公害茶叶基地县之一。湄潭县茶叶种植拥有得天独厚的自然条件，高海拔、低纬度、多云雾、寡日照的气候环境，加上气候温和、土壤肥沃、结构疏松、黄壤土占比高的地理条件，奠定了湄潭优质茶叶发展的基础。这种特殊的生态环境使湄潭茶叶的氨基酸含量高达4%以上，茶多酚含量超过28%。湄潭县茶叶种植历史悠久，清代就享有盛名，抗日战争时期中央实验茶场在湄潭建立，浙大西迁引入先进技术推动中国茶业现代化转型。改革开放以来，湄潭县以茶产业为支撑，不断扩大种植面积，助力当地群众就业增收，呈现规模化、集约化发展趋势。湄潭茶产业凭借其优势，于2002年被确定为主导产业，在各级政府的大力支持下，持续健康发展，成为全市乃至全省农村产业的典范。截至2023年底，湄潭县茶园面积达到60万亩，茶叶总产量7.25万吨，产值52.66亿元，茶业综合收入达到139.45亿元，全县共有8.8万余户、35.1万余名茶农因茶增收致富。当前，茶产业作为贵州省12个特色优势农业产业得到持续的政策支持，湄潭茶产业也将持续发展壮大，具有较强的发展优势。

（二）种茶季节性劳动力缺乏限制茶叶生产

湄潭县作为中国重要的茶叶主产区，茶叶生产面临着种茶季节性劳动力缺乏的限制，这对茶叶生产的效率和质量产生了直接影响，也成为制约湄潭县茶叶产业发展的重要瓶颈。随着城镇化进程的加速和农村劳动力外流，湄潭参与茶产业的主体主要为妇女和老年人。茶叶采摘集中在每年3－4月进行，这段时间需要大量临时劳动力。但农村劳动力外流和季节性劳动力短缺导致许多茶园主在采摘高峰期面临高成本和“用工荒”的困境，直接影响了茶叶生产的效率和质量。以2019年贵州三类区最低工资标准为例，茶叶采摘每天的人工成本约为120元。生产0.5公斤干茶需要2～2.5公斤鲜叶，而高档春茶每人每天最多只能采摘0.5公斤鲜叶，单位产量人工成本将近500元。随着春茶需求的增长，采工愈发紧俏，人工成本不可避免地大幅上升，有时甚至出现无人可用的情况。劳动力短缺给湄潭县茶叶种植业带来了严重影响，已成为制约湄潭县茶叶产业发展的重要瓶颈。一方面，无法及时完成采摘和加工，导致茶叶质量下降，进而影响市场竞争力；另一方面，成本的攀升限制了茶农的收益空间，使其无法在最佳时机获得更好的销售价格。

（三）茶叶产品质量差异影响茶产业发展

茶叶作为湄潭县重要的农产品和地方特色产业，由于地理环境差异和农业技术水平参差不齐促使其生产和品质的不稳定性给当地茶产业发展带来了严峻挑战。湄潭县不同茶园和农户之间的茶叶产量和品质存在差异，这可能导致消费者对湄潭茶叶的信任度下降，影响市场竞争力和行业的可持续发展。茶农小规模经营，产品品质难以统一；茶农的种植和管理知识水平参差不齐，由于农户可能缺乏农药化肥的规范使用，导致茶叶残留问题和环境污染；不同茶农采摘和加工工艺的差异也会影响茶叶品质。由此导致的产品质量不一致可能造成市场竞争失衡，消费者难以对湄潭茶叶建立稳定的茶叶品牌忠诚度和信任度，影响茶叶产业的可持续发展，亟需合作社、企业帮助带动小农户统一种植、管护、加工茶产品，为市场提供稳定、高水平的茶叶产品。

（四）茶叶专业合作社应需而生

面对湄潭县茶叶基础好，但存在劳动力季节性不足、茶产品质量参差不齐的背景下，2009 年湄潭县落花屯茶叶专业合作社的成立，整合茶产业发展资源、提升茶产业基础设施建设、提供机械化水平，缓解劳动力资源短缺问题的同时也创造就业岗位，为村民提供务工就业机会、吸引务工人员回流，并进行茶叶基地建设，把控茶叶品质，为促进当地茶产业的升级转型发挥了重要作用。该合作社注册资金 1000 万元，以种植、生产、加工、销售为一体。合作社成立之初成员 5 人，社员 200 多人，现已发展社员到 680 多人，社员发展的农户 8300 多户。合作社在省、市、县农业部门的大力扶持下，农机拥有量迅速增加，农机装备水平得到了显著提高，为茶叶生产提供了坚实的机械化基础。合作社的茶叶基地从最初的 11531 多亩发展到了 49200 多亩。2020 年，合作社进一步组建了茶园管理农技服务队，开展以茶叶机械化为主的社会化服务。合作社立足茶农所需，广泛开展茶园机械化开沟、除草、机防、采摘等机械化社会化服务和农用物资配送、社员技术培训等活动，不仅惠及本地农户，也逐步辐射到周边地区。

二、合作社发展措施

（一）完善利益联结多种机制，促进茶产业升级

落花屯茶叶专业合作社通过构建多元化的利益联结机制，推动了当地茶产业的协同发展。第一，专业合作社发挥核心作用，与 12 个村股份经济合作社及种植大户建立了订单式利益联结机制，引导农户与企业形成紧密契约关系。合作社已与 3058 户农户签订长期购销合同，带动农户年均增收 3 万元。第二，合作社探索了股份式利益联结机制，鼓励农户以土地等资产入股，实现了合作社与农户的股份合作关系。通过分配土地流转费和部分利润，528 户农户的收益增加了 3000 元，促进了茶叶规模化生产。此外，合作社打造了茶叶综合服务平台，提供耕种管收加销全链条服务，形成了托管式利益联结机制。316 户农户将土地托管给合作社，年均增收 2 万元，农业生产实现了现代化转型。落花屯茶叶专业合作社在利益联结机制建设方面取得了显著成效，有力促进了当地茶产业的整体升级。

（二）完善基地管理机制，加强技术支持

通过完善基地管理机制和加强技术支持，落花屯茶叶专业合作社统一供应农资、统一植保管理、统一基地作业、技术培训和订单式收购等，为农户提供了全方位的支持和保障，促进了茶叶种植的科学化、规范化和高效化。第一，专业合作社统一供应肥料、农药和种苗，与瓮福集团、德丰肥业、先锋肥业等企业合作，为农户提供高质量、低价格的优质农资。第二，专业合作社的植保员负责统一监测、统一使用药物、统一喷施，这样每年为农户每亩茶地节约 300 元的开支。第三，专业合作社按照统一标准，对农户的茶叶基地进行人工除草、修剪、亮行、亮脚、修蓬、开沟等工作，并进行统一的施肥、覆土和冬季封园等操作。第四，合作社聘请专家和技术人员，对农户进行茶园施肥、鲜叶采摘、茶叶加工等方面的技术培训。此外，合作社带领农户代表到其他地区进行实地

参观学习，以大幅提高农户种植茶叶的技术水平。第五，落花屯茶叶专业合作社与农户签订茶叶收购合同，采用订单式的方式进行收购。春茶的茶青每斤比市场价高出 3 ~ 5 元进行收购，夏秋茶每斤比市场价高出 1 ~ 2 元进行收购，每年平均可为农户带来额外收入，保底增收 1500 ~ 3000 元。第六，专业合作社统一制定服务收费标准，为管理服务人员提供保障收入，奖励其工作付出。村民组长回收芽茶每斤奖励 0. 50 元，农户也将获得每斤奖励 1 元；农户为茶园开沟、施肥和覆盖等劳务将获得每亩 100 – 130 元劳务费，利用多种渠道多种方式带动群众增收。

（三）完善持续发展机制，延伸产业链条

通过专业合作社的培训和建立交流平台，湄潭县落花屯茶叶产业完善了持续发展机制，延伸了产业链条，提高了茶农的生产技能和管理水平，促进了茶产业的结构调整和发展，同时为茶农提供了多样化的专业服务，增加了他们的收入。第一，专业合作社加强岗位培训和生产技能培训。专业合作社围绕茶叶种植的关键环节，制订适用于茶叶生产管理的技术培训课程。通过劳模引领和科技特派员的示范，专业合作社帮助茶农提高他们在低产老茶园改造、病虫害防治、茶叶采摘等生产管理方面的技能水平。第二，湄潭县落花屯茶叶专业合作社经常在县内各镇街举办茶园社会化服务管理及技能培训。这些培训课程涵盖了从茶园开沟的实操到第一步设备的机油检查，再到茶沟深度的控制，以及在作业中正确的手部姿势。通过实操技能培训，学员们可以掌握熟练的技能，参与茶园管理。2021 年，合作社就举办 40 期培训，培训 2000 余人。第三，专业合作社建立了一个“政教产学研用”立体化交流平台。与中国农业大学合作在兴隆镇设立教授工作站。教授、农业农村部门的茶叶技术人员、村“两委”干部以及合作社管理人员将一起到茶叶种植基地进行理论和实践教学，解答茶农的疑惑，助力茶产业结构调整和茶产业的发展。此外，专业合作社成立专业服务队伍，涵盖农资供应、生产管理、植保防护、茶青收购和茶叶加工等方面的服务。专业合作社吸纳掌握不同技能的农民加入相应的服务队伍，为茶农提供茶园飞防、茶青机械化采摘和茶青加工等服务。目前已有 128 人

加入了技术服务队伍，实现在村镇内就近就业，平均每年增加工资性收入2万元。

（四）培育品牌拓展销路，完善产品产销机制

湄潭县落花屯茶叶专业合作社采用“专业合作社（公司）+集体经济组织+基地+农户”的经营模式，充分探索品牌培育，线下和线上销售相结合，开拓完善产品产销机制。一是着力打造湄潭茶叶自有品牌。充分运用现代制茶科技对茶产品进行分级分选，让湄潭茶产品由常规、低端茶产品向有机高端茶品牌转变，研发了“湄潭翠芽”“遵义红”等茶叶公共品牌下的有机红、绿、黑茶系列产品6个，2015年“雅眉”牌茶叶荣获农业农村部百家合作社百个农产品品牌。二是扎实推进线下销售。在太平村、兴隆村、中华村等12个村设立茶青收购点，专门收购农民采摘的茶青，2022年收购茶青100万斤，农民人均增收2000元。在遵义、贵阳成立茶叶销售点，专营湄潭系列茶产品，销售茶叶32万斤，销售额4000万元，平均每户收益13万元。三是积极探索线上销售模式。拓宽“互联网+”营销渠道，开辟淘宝、京东、苏宁等电商平台营销渠道，产品畅销全国各地。

三、取得成效

（一）扩大经营规模，实现产业化、品牌化发展

合作社通过采用“专业合作社（公司）+集体经济组织+基地+农户”的组织经营模式，采用科学管理和机械化生产来提高效率，扩大经营规模，实现产业化、品牌化发展。为了进一步扩大经营规模，合作社积极开展合作，与周边地区的其他合作社和农户进行合作经营。通过共同投入资金、资源和技术，合作社与合作伙伴共同打造茶叶种植基地，共享生产设备和技术支持，实现了规模化生产和资源共享。这种合作模式不仅提高了生产效率，还降低了生产成本，使茶叶产量和质量均得到提升。合作社现有茶园基地1.1万亩，2023年在全县托管茶园面积6万亩以上，统防统治面积达到30万亩以上。在全省范围内开展农业社会化服务面积超过50

万亩，培训专业农机操作手和茶园管护技术人才5000人以上。同时，合作社注重品牌建设，积极推广自主品牌。通过提升茶叶品质和包装设计，合作社成功塑造了一系列知名品牌，树立了良好的企业形象和产品形象。合作社的产品不仅畅销国内市场，还出口到国际市场，赢得了广泛的认可和好评。专业合作社带动茶叶品牌向有机高端茶品牌转变，培育壮大湄潭翠芽、遵义红等区域品牌和雅眉等合作社农产品品牌。

（二）创新社会化服务，保障产品质量安全

创新社会化服务形式，开展茶园菜单式社会化有偿服务，是合作社结合当前农村实际需要走出的一条新路。不仅是合作社通过服务产生了收益，解决了合作社成员就近就业，也达到了村级股份经济合作社实现了资源变资金，增加集体经济收入，在多方受益的基础上提高了服务人员及各主体的积极性。合作社给茶农补贴，茶农则按合作社的要求管理茶园，统一施肥和喷洒农药，保证茶青质量。每一次施肥和打药都会有记录，如果哪一家违反规定，就会停止收购他家的茶青，确保合作社的每一棵茶青都安全。从村集体经济合作社到村民组长再到茶农，各生产经营参与主体在农资采购（销售）、农产品回收、茶园病虫害防治、村民组长和农户入股分红、农技服务队发动组织开沟施肥、社员与非社员的务工方面均受益，更进一步保证了湄潭茶叶的品质，保住公用品牌的口碑。

（三）产品标准化建设，提质增效

以“专业合作社（公司）+集体经济组织+基地+农户”的发展模式进行产业标准化生产管理，提供统一的生产资料，降低茶农生产成本，提升生产效率和质量。湄潭县兴隆镇有9村1居，6.30万亩茶园，茶农使用传统方法管理茶园，茶叶质量和产量达不到预期，作坊式生产，随意性较大，无法达到标准统一、质量保证。合作社从2019年起聚集5个村5000多户小农户茶园实行“六个统一”管理，合作社每年为合作的小农户茶园病虫害统防统治3次，统一购买农用肥料，每包节省40元成本，一亩茶园一年可直接节省120元成本；合作社组织运输车队，将农资直接运到社员

家门口和田间地头，为留守老人及孤寡等劳动力欠缺的茶农们解决了一大难题。合作社每年不定期组织茶农和茶管员科技管理茶园培训，使农户认可了菜单式社会化有偿服务。通过看得见的效果，赢得了各合作方的广泛认同，扩大了合作社的经营范围，带动了更多的农户和企业主动参与。湄潭县落花屯茶叶专业合作社农技服务队通过广泛开展茶园管理、农用物资配送、技术培训等社会化服务，不仅在湄潭县取得了明显的效果，提高了茶品质和茶叶质量的安全保障，还将这种服务向外延伸至贵州省毕节市、铜仁市、遵义市等地茶园生产管理，解决了劳动力缺乏的问题，实现了节本增效的目标。

（四）完善利益联结机制，实现共同富裕

通过完善"专业合作社（公司）+集体经济组织+基地+农户"组织模式各主体利益联结机制，落花屯茶叶专业合作社实现了农户、管理员、村集体股份经济合作社和合作社自身的共同富裕。一是农户受益。合作社与村股份经济合作社签订供需合同，确保农户茶叶销售有保障；合作社与化肥供应企业联手推出高质低价的优质农资农户还可获得入股分红、务工收入等；作为整合资源和付出劳动的管理人员也会得到应有的回报。二是村集体股份经济通过合作社收到分红，涉及的5个村级集体经济合作每年增加16－30万元的收入，合作社也通过经营和社会化服务获得收益，每年增加500万元左右收入。

四、思考及启示

在"专业合作社（公司）+集体经济组织+基地+农户"模式下，建立协作机制和利益联结机制是推动茶叶产业发展的关键。茶叶产业是一个复杂的产业链，需要各利益相关方之间的密切合作和互利共赢。技术支持和管理指导是提高茶叶产业质量的重要手段，专业合作社应加强技术培训，提升茶园主和加工工人的专业素养，推广先进的种植和加工技术。延伸产业链条和品牌建设是提升茶叶附加值和市场竞争力的有效途径，专业合作

社应积极推动茶叶的深加工，开发茶叶相关产品，建立自己的品牌形象，增加产品的附加值和市场份额。茶叶产业应注重产品标准化建设，提高茶叶的质量和一致性，制订统一的生产标准和质量控制要求，加强质量监管，提升茶叶的品牌形象和消费者信任度。专业合作社推广社会化服务，通过加强合作与协作、提供技术支持、延伸产业链条和品牌建设，茶叶产业可以实现高质量发展，提升市场竞争力，促进产业的可持续发展。在未来，可以进一步深化“市场＋合作社＋公司＋基地＋农户”产业化经营模式，公司通过合作社联合、合作来管理广大成员，合作社通过设置股权这一纽带强化与农户的利益连接，完整实现“生产分散在户、服务统一在社”的合作社双层经营体制，使合作社发展再上一个新台阶、规范化建设再上新高度。

第二节　集体经济合作社发展案例

野钟村村级集体经济合作社作为链接生产农户和企业以及市场的中坚力量，在促进农村经济发展、农民增收和乡村振兴中扮演着至关重要的角色。以昔日深度贫困的野钟乡野钟村为例，自2014年以来，通过“村委带动、鼓励种植”的模式起步，逐渐形成“公司＋合作社＋农户”的“产业型”农村示范。合作社通过整合资源、提供技术支持、拓展市场和分担风险，促进了刺梨产业种植规模的不断扩大、产业加工的不断深化和产品价值的不断提升。这不仅提高了农户收入水平，更推动了乡村振兴产业兴旺的目标实现。

一、合作社成立的背景

（一）农民种植结构调整的需要

水城县野钟乡野钟村引进刺梨种植，旨在满足农民种植结构优化调整的迫切需求。此前，村庄受制于交通不便和薄弱的农业基础设施，属于深度贫困村。2014 年，野钟村共有建档立卡户 398 户，贫困户 1161 户。村民主要从事小农生产，农业产业尚未发展，生活方式仍较为原始，技术水平也较低。随着农业现代化发展和市场需求变化，迫切需要调整种植结构，打破小农经济的束缚。引进经济作物规模种植和加工，有助于向农民提供更多收入来源和就业机会，实现农业产业的可持续发展。刺梨作为一种高市场价值和需求的农产品，适宜山地喀斯特地貌种植，为农民提供了有利的农作物品种选择。

（二）特色优势产业发展的政策支持

政府的特色产业支持和村委的关心为刺梨种植提供了保障，野钟乡坚持党建引领，将支部建在产业链上，搭上特色产业发展的快车道，引入刺梨种植加速特色产业发展。六盘水市提出农业特色产业“3155 工程”后，大力布局和发展农业特色产业，注重地方优势、特色和规模化发展。2014 年，六盘水将刺梨作为产业结构调整的重点产业，着力打造全产业链、整合全要素链、联结全利益链，推动“农产品变工业品、工业品变健康消费品”，实现优势资源向优势产业的转化。2015 年，《贵州省推进刺梨产业发展工作方案（2014～2020 年）》明确了贵州省刺梨产业发展目标，对种植基地建设、选种育苗、龙头企业培育、品牌打造等方面进行了规划。为促进辖区居民增收和经济发展，野钟乡各级人大代表深入农户调研，带头示范引领组织村民种植刺梨，并亲临田间指导种植和技术管理。2023 年六盘水刺梨种植面积累计达 117.56 万亩，辐射 76 个乡镇，产量 7.97 万吨，鲜果产值 3.52 亿元，覆盖农户 20.98 万户。刺梨产业作为贵州省 12 个特色优势农业产业得到了政府持续的政策支持，为刺梨产业链提供了发展所需要的政策、资金和技术保障，增强了农民的信心和动力。

（三）地理环境和气候条件等刺梨种植优势

农业产业发展需要立足于本地区优势资源，合理利用气候、土地资源，发展适合本地区的特色产业。野钟村拥有得天独厚的自然资源优势，为刺梨的生长提供了有利条件。适宜的海拔、气候加上山地地形是刺梨生长的有利条件，水城高海拔和高坡度的地形为刺梨生长提供了良好的地势条件；水城的雨量、日照充足，气候温和，也为刺梨提供了适宜的气候条件；水城的土壤、日照条件与刺梨抗旱、耐涝、易栽种等特性相适应，因此，水城所产刺梨果实大、皮薄肉脆、色泽透亮。水城野钟乡野钟村具备独特的地理环境和气候条件优势，有利于刺梨种植。刺梨特色产业的选择既符合当地的自然资源条件，也满足喀斯特地区、石漠化山区的生态保护需要。

（四）贵州刺梨产业初露头角，但产业销售和加工难题仍然存在

贵州刺梨产业已初具规模，展现出一定的发展潜力和市场竞争力。然而，产业链不完善和产品价值有待提升的问题仍亟待解决。2015 年野钟村刺梨种植面积达 2800 亩，其中示范基地总面积达 1501.3 亩，优质鲜果亩产超过 1000 斤。随着种植规模和产量的增加，刺梨产业面临着严峻的销售、储存和加工挑战。一方面，农民缺乏销售渠道和市场信息，难以与潜在买家建立联系；另一方面，刺梨鲜果保鲜期较短，包装、储存和运输等环节的技术和设施不足，导致产品在销售过程中损耗较多和品质下降。野钟村的刺梨产业需要解决销售和加工方面的难题，需要建立与市场的有效联系，那么引进农业企业和建立合作社是刺梨产业可持续发展的关键。

二、合作社发展措施

（一）依托资源禀赋，聚焦党建推动刺梨种植潮

依托资源禀赋，野钟村因地制宜发展产业，坚持党建引领产业发展。该村立足于海拔高差大、石漠化严重的自然特征，抓住实施退耕还林等林业生态工程机遇，以科技为支撑，开发山地和荒地进行种植，选择适生性强、生态效益好、市场前景可观的刺梨作为现代山地特色高效产业。产业发展初期，村党支部动员了 12 位农户前往龙里县谷脚镇茶香村考察学习，坚定发展刺梨产业、改变传统种植模式的决心。由此成立村级集体经济

合作社，由村支部两委人员担任带头人，按照“平台公司+村集体（合作社）+农户”模式，组织农户以土地入股实施产业种植，采取“保底收益+按比例分配收益”的方式分配收益。充分发挥支部党员的先锋模范作用，采取每名党员先成为技术员，再联系带动10户农户成为种植大户的模式，迅速推动了全村刺梨产业的快速发展。

（二）聚焦生产经营主体利益关联，推进刺梨产业标准化管理

为提高刺梨产业发展初期群众的种植积极性，发展“公司+合作社+农户”的组织经营模式，建立刺梨产业利益联结机制。产业收益按照农户占60%、合作社占30%、公司占10%的比例进行分配，保障刺梨产业链各主体利益的有效衔接。随着产业发展进入成熟期，采取刺梨基地全部返还农户自行管理的模式，鲜果销售所得收益归农户所有。此举最大限度地保障农户利益，调动其自行维护管理的积极性。目前，全村刺梨基地已全部返还农户自行管理，鲜果销售所得收益归农户所有。合作社通过建设刺梨示范园和示范基地，为农户提供实践和学习平台。农户可通过参观示范园，学习先进的种植技术和管理经验，提升自身技术水平。坚持绿色、有机、无公害的品质要求，推进刺梨产业核心示范园建设。以点带线、以线带面、以面带园，不断强化示范引领带动作用，辐射带动农户按照示范标准开展管护抚育工作，全面提升全区刺梨产业管护水平。目前，已建设区级示范基地3个，发展万亩以上种植乡镇17个，农民专业合作社96个，个体合作社3个。

（三）整合资源与技术支持，提升刺梨产品效率和品质

合作社与村委会密切合作，整合村内闲置土地用于刺梨种植。合作社鼓励农户以土地和劳动力入股，共同经营刺梨种植和加工业务，实现风险和收益共享。野钟村在政府主导下，鼓励易地扶贫搬迁群众种植刺梨，既盘活了农村土地资源，又增加了群众收入。搬迁群众主要在刺梨修剪和采摘时返乡劳作，部分外出务工或就近务工的人员则委托未搬迁的群众代为维护和售卖刺梨。村级集体经济合作社在生产对接中发挥了重要作用，合

作社与农户密切合作，提供技术指导、种植物资和生产管理等支持，确保刺梨的健康生长。合作社协调和组织农户之间的合作与交流，促进资源和信息共享，提升生产效率，降低成本。合作社通过合理灌溉、病虫害防治、科学管护等农业技术培训和指导，帮助农户掌握刺梨种植的最佳时机，保障刺梨的产量和质量。合作社高度重视技术支持，以提升刺梨产品品质和竞争力。初期，野钟村刺梨挂果少、产量低，且由于农户自行管理，素质和技术参差不齐，产品质量不均衡，不利于产业发展和市场竞争。“合作社+农户”的组织模式规范了农户经营方式，促进了刺梨产业在品种选育和科学生产方面的提升。合作社引进优质刺梨品种，通过试种和比较筛选，选择最适宜当地气候和土壤条件的品种。同时，引入密植、合理修剪、滴灌和病虫害综合防治等先进种植技术，确保刺梨产量和质量的稳定性。

（四）聚焦产、加、销衔接，释放产业发展潜能

合作社通过整合种植规模、建立稳定的供应链，与企业合作，发挥中间衔接能力，形成利益共同体，实现与市场的紧密联系。引进先进加工技术和设备，提高刺梨的附加值和产品多样性，促进产、加、销紧密衔接，进一步释放产业潜能。合作社与企业合作，整合种植规模，提高产品供应稳定性的同时，与市场建立联系。企业提供市场渠道和销售网络，帮助合作社将产品推向更广阔的市场。当地政府每年出台刺梨鲜果保底收购方案，确保刺梨鲜果应收尽收。另外，印发刺梨产业宣传手册，通过加强政策宣传、产业宣传、管护宣传等方式，发动农户与企业形成利益共同体，调动和提高管护积极性，切实提升管护质量和效益。自2016年起，成立宜农商贸、金铃籽等刺梨收购企业，通过合作社与农户衔接，以保底价在全村收购刺梨鲜果。2018年，水城区组建贵州初好农业科技开发有限公司，负责全区刺梨鲜果收购、加工、销售等事宜，通过“企业+合作社+农户”模式实现产、加、销衔接。合作社与企业合作，引进先进的加工技术和设备，提高刺梨附加值和产品多样性。合作社成员间进行技术交流和经验分享，共同解决加工过程中的问题，提高加工效率和产品质量，释放刺梨产业生产发展潜能。

三、取得成效

（一）促进农民增收，提升地方经济效益

野钟村采用“企业＋合作社＋农户”的经营模式，在刺梨产业发展方面取得显著成效，加速农业产业结构调整，打造特色高效农业，持续带动辖区群众增收。农户每年可获得土地流转费和用工报酬，除此以外，在产业效益分配中还能按一定比例分红。贵州初好农业科技开发有限公司秉持社会效益优先的理念，坚持以较高的保底价收购水城区刺梨，实现了应收尽收、应收快收、即收即榨。发展刺梨产业与种植低效作物相比，农户收入大幅提高，激发了农村发展活力，改善了群众生活水平。

（二）提升产品竞争力，推动产业高质量发展

合作社与企业加强合作，可以利用企业的产品多元化精深加工和有效的市场宣传显著拓宽刺梨销售渠道，保障了产销一体化，进一步稳固了刺梨市场份额，提升了产品竞争力。“初好公司＋合作社＋农户”模式以刺梨产业提质增效为目标，深入实施创新驱动，推进产品质量提升。制订完善的加工标准，推进标准化生产和管理，持续提升刺梨产品品质，改善提升产品形象，推进质量认证和可追溯体系建设，加强刺梨产品质量和食品安全监管，有效促进循环式发展。截至目前，已取得 ISO 9001、ISO 22000 等质量体系认证，刺梨有机基地、有机产品、食品生产管理体系等多项认证正在稳步推进中。同时，为了促进产业循环发展，初好公司深耕线上线下渠道。一是建立了“直播＋电商”的线上发展模式，通过建设“初好电商运营中心”并覆盖淘宝、京东、抖音、拼多多等大型电商平台，将“直播带货”与“线上覆盖”相结合，全力拓展线上销售渠道。二是将全国市场划分为华南市场、华北市场、华东市场、西南市场等八大区域，以核心产品刺梨汁为突破口，采用以点带面的战略，快速将主打产品引入现有高铁、高速及多家大型商超的线下渠道。通过主打产品的大流通辐射带动，快速提升初好品牌的知名度，从而带动其他刺梨原汁、干片等高附加值产

品的销量。随着销量、产量的提升和生产线的优化，产品成本不断下降、利润空间不断提升，持续带动整个产业的高质量发展。

（三）促进农村特色农业发展，助推乡村振兴

“加工企业＋合作社（基地）＋农户”利益联结机制的完善，确保了野钟村刺梨的保底收购，保障了刺梨鲜果应收尽收，保障了群众收益，进一步带动了农民增收致富。同时，产业发展的效益带动了生产性服务业发展，培育了农民专业合作社、农机大户等新型服务主体，带动了小农户发展服务型的适度规模经营，农产品能够就地增值，农民能够就地务工，吸纳了更多的农户实现就业，促进了农户生活水平的提高。

野钟村通过村级集体经济合作社的带动作用，逐步推动生态价值理念和文明乡风建设在村内落地生根。水城区作为全省石漠化综合治理区县，刺梨作为本土小灌木，在石漠化地貌中栽植，能够发挥截流水分、涵养水源的生态功能，对植被恢复具有良好作用，促进生态修复，让野钟村的绿水青山“颜值”和“价值”持续增加，可成为推动生态、文化、康养、旅游深度融合发展的连接纽带。野钟村通过村级集体经济合作社的带动作用，逐步推动价值体系落地生根。野钟村重视培养农村优良乡风民风，加强农村思想文化阵地建设，推进理想信念、职业道德、家庭美德、个人品德建设。推进诚信建设，强化村民的集体意识，推动乡村道德体系落地生根、开花结果。通过党建加村集体合作社加强基层党组织建设，通过党员带动村民在刺梨产业发展、乡村治理方面共同进步，扎实推进抓党建促乡村振兴，推动了基层党建工作全面提升、全面过硬。

四、思考和启示

实施乡村振兴战略作为新时代“三农”工作的重要指导方针，野钟村坚持以发展特色农业产业为核心，以促进村民增收为目标，以壮大村级集体经济为突破口，以深化农村综合改革为动力，以改善农村人居环境为着力点，全力推动刺梨产业的发展。

野钟村村级集体经济合作社应重点突破刺梨产业发展瓶颈，为产业发展建言献策，打造“产业型”农村示范，推动生态宜居、乡风文明和村级自治协同发展，实现共同富裕，推进乡村振兴进程。在接下来野钟村村级集体经济合作社在三个方面要继续发力确保刺梨产业持续高效发展。首先，引进先进技术和机械是提升刺梨产业发展的关键。合作社通过引进现代化种植技术为农户提供更好的生产服务和技术支持，帮助农户合理选择种植品种、优化种植结构、改善管理方法，从而提升刺梨的产量和品质。合作社还可引进适用于刺梨种植的农业机械和设备，如喷灌设备、剪枝机械等，以提高生产效率和劳动力利用率。其次，村级集体经济合作社应严格把控生产质量，维护和提升公用品牌声誉。刺梨作为农产品，其品质和安全性对消费者至关重要。合作社可建立质量管理体系，制订严格的品质标准和生产操作规程，确保刺梨品质稳定可靠。合作社应加强对农户的培训，提升其质量意识和技术水平，使他们能正确操作和管理刺梨生产过程。同时，合作社可建立溯源体系，追溯刺梨生产环节和质量信息，为消费者提供真实可靠的产品信息，增加消费者对刺梨的信任度。通过严格把控生产质量，合作社能维护和提升公用品牌声誉，树立良好企业形象，进一步拓展市场份额。最后，合作社应进一步延伸产业发展链条，提高产品的附加值。刺梨产业发展不应局限于种植和销售，还应通过深加工和产业延伸提高产品附加值。合作社可探索刺梨深加工，开发更多刺梨产品。例如，可将刺梨加工成果酱、果脯、果汁等产品，满足不同消费群体的需求，提高产品的附加值和市场竞争力。此外，合作社还可与其他相关产业合作，如与旅游业结合，开展农业观光旅游，吸引更多游客和消费者。通过产业链延伸，合作社能拓宽销售渠道，增加产品的知名度和市场份额。

第三节 本章小结

在以项目型合作社研究内容为主的基础上，本章以农民专业合作社和村级集体经济合作社为案例为合作社带动农户发展、产业振兴提供参考，两个合作社在发展阶段、经营方式和发展目标上存在共同性，也具有很多不同点，与前文所研究的项目型合作社也并不相同。多样化的合作社发展模式，无论是农户自发组织或者利用政策机遇发展成立的合作社都要因地制宜、积极主动地开展农业生产，利用好自身资源禀赋，与其他经营主体取长补短，尽可能地提升合作社竞争能力，实现可持续发展，帮助农业产业持续提升、促进农户长效增收，为乡村振兴战略贡献理论。

参考文献

［1］任大鹏、陈吉平、吕晓娟：《农民合作社治理僵局：何为、为何与何如》，载于《农村经济》2022 年第 12 期。

［2］朱富强：《作为合作组织的企业：本质特性、基本目标、治理机制和组织原则》，载于《经济学家》2012 年第 4 期。

［3］Smith，D. R.，& Foster，G. R.，Member participation and governance structure in agricultural cooperatives. *Journal of Cooperatives*，Vol. 3，No. 5，April 2000，pp. 149 – 164.

［4］赵明、王思、吕新业：《社员参与对农业合作社绩效影响的实证分析——基于河北省的调查数据》，载于《中国农村观察》2015 年第 5 期。

［5］张伟、刘涛、胡晓晖：《董事会和监事会制度对农业合作社治理效率的影响研究——基于江苏省的调查数据》，载于《中国农村观察》2018 年第 5 期。

［6］崔宝玉、程春燕：《农民专业合作社的关系治理与契约治理》，载于《西北农林科技大学学报（社会科学版）》2017 年第 17 期。

［7］Bai，X.，Sheng，S.，Li，J. J. Contract governance and buyer – supplier conflict：The moderating role of institutions. *Journal of Operations Management*，No41，April2016，pp. 12 – 24.

［8］于滨铜、王志刚：《关系治理、契约治理与农业产业生态系统演进》，载于《管理世界》2023 年第 39 期。

［9］郭利京、仇焕广：《合作社再联合如何改变农业产业链契约治理》，载于《农业技术经济》2020 年第 10 期。

［10］胡平波：《农民专业合作社中农民合作行为激励分析——基于正式制度与声誉制度的协同治理关系》，载于《农业经济问题》2013 年第 34 期。

[11] 万俊毅、曾丽军：《合作社类型、治理机制与经营绩效》，载于《中国农村经济》2020年第2期。

[12] 万俊毅、敖嘉焯：《企业间交易治理机制研究述评与展望》，载于《外国经济与管理》2013年第35期。

[13] 崔宝玉：《农民专业合作社的治理逻辑》，载于《华南农业大学学报（社会科学版）》2015年第14期。

[14] Bardhan, P., Park, Y. J., & Uphoff, R. W.. Governance structures and management practices of agricultural producer cooperatives: Evidence from Indonesia. *World development*, Vol. 9, No. 32, April 2004, pp. 1619 – 1638.

[15] Porter, G.. Agricultural cooperatives and rural development: Evidence from the United Kingdom. *Journal of Rural Cooperation*, Vol. 4, No. 50, April 2014, pp. 59 – 71.

[16] 刘涛：《土地流转、路径创新与合作社的发展走向——基于河南省农民专业合作社的调研》，载于《中国农民合作社》2018年第5期。

[17] 王鹏：《高邮市兴旺禽业产销专业合作社 科技创新提质量 示范带动作表率》，载于《中国农民合作社》2022年第3期。

[18] 张华：《泗县加快农机专业合作社建设的做法与思考》，载于《基层农技推广》2016年第4期。

[19] 秦德智、何梦丹、邵慧敏：《农民合作社反贫困绩效研究》，载于《当代经济管理》2019年第41期。

[20] 刘同山、苑鹏：《农民合作社是有效的益贫组织吗?》，载于《中国农村经济》，2020年第5期。

[21] 袁俊林：《农民合作社减贫的农户收入效应及其异质性——基于内生转换回归模型的实证分析》，载于《中国农业资源与区划》2023年第44期。

[22] Wanyama, F., P. Develtere, and I. Pollet,, Encountering the Evidence: Cooperatives and Poverty Reduction in Africa, Belgium: *Catholic University of Leuven.*, *April*2008.

[23] Birchall, J., and R. Simmons, Cooperatives and Poverty Reduction: Evidence from Sri Lanka and Tanzania, *Oldham*: *Co – operative College*, A-

pril2009.

[24] 王孝璱、崔宝玉：《农民合作社电商采纳行为分析——基于整合的技术采纳模型》，载于《农业现代化研究》2023 年第 44 期。

[25] 万凌霄、蔡海龙：《合作社参与对农户测土配方施肥技术采纳影响研究——基于标准化生产视角》，载于《农业技术经济》2021 年第 3 期。

[26] 高远东、李卉、官梦瑶：《金融支持、社会资本与农民合作社的辐射带动能力》，载于《农村经济》2021 年第 4 期。

[27] 刘二阳、刘雨欣、，郭翔宇：《资本禀赋对农民合作社示范带动效应的影响研究》，载于《农业经济与管理》2023 年第 4 期。

[28] 李俏、贾春帅：《合作社带动农村产业融合的政策、动力与实现机制》，载于《西北农林科技大学学报（社会科学版）》2020 年第 20 期。

[29] 张静、张梅：《国外农业合作社的金融支持模式及启示》，载于《世界农业》2014 年第 2 期。

[30] 徐旭初：《农民专业合作社发展辨析：一个基于国内文献的讨论》，载于《中国农村观察》2012 年第 5 期。

[31] 李云新、戴紫芸、丁士军：《农村一二三产业融合的农户增收效应研究——基于对 345 个农户调查的 PSM 分析》，载于《华中农业大学学报（社会科学版）》2017 年第 4 期。

[32] 赵昶、董翀：《民主增进与社会信任提升：对农民合作社“意外性”作用的实证分析》，载于《中国农村观察》2019 年第 6 期。

[33] 阎占定：《嵌入农民合作经济组织的新型乡村治理模式及实践分析》，载于《中南民族大学学报（人文社会科学版）》2015 年第 35 期。

[34] 崔宝玉、马康伟：《合作社能成为中国乡村治理的有效载体吗？——兼论合作社的意外功能》，载于《中国农村经济》2022 年第 10 期。

[35] 于福波、张应良：《基层党组织领办型合作社运行机理与治理效应》，载于《西北农林科技大学学报（社会科学版）》2021 年第 21 期。

[36] 韩旭东、李德阳、王若男等：《盈余分配制度对合作社经营绩效影响的实证分析：基于新制度经济学视角》，载于《中国农村经济》2020 年第 4 期。

[37] 周振、孔祥智：《盈余分配方式对农民合作社经营绩效的影响——

以黑龙江省克山县仁发农机合作社为例》，载于《中国农村观察》2015年第5期。

[38] 刘同山、孔祥智：《治理结构如何影响农民合作社绩效？——对195个样本的SEM分析》，载于《东岳论丛》2015年第36期。

[39] 崔宝玉、马康伟、刘艳：《政府扶持能增进农民合作社的绩效吗？——来自皖省395家国家级示范社的证据》，载于《农村经济》2023年第7期。

[40] 梁巧、吴闻、刘敏等：《社会资本对农民合作社社员参与行为及绩效的影响》，载于《农业经济问题》2014年第35期。

[41] Sakina, F., & Waters, L.. Agricultural cooperatives and rural social progress: Evidence from Ethiopia. *Journal of Cooperatives*, Vol. 3, No. 29, April 2014, pp. 67-80.

[42] 温雪、范雅静、李琪：《农户参加农民专业合作社对其收入和金融资产的影响研究》，载于《财经理论与实践》2019年第40期。

[43] 王亚飞、黄勇、唐爽：《龙头企业与农户订单履约效率及其动因探寻——来自91家农业企业的调查资料》，载于《农业经济问题》2014年第35期。

[44] Johnson, T.. Agricultural cooperatives and rural development: A review of international experience. *Journal of Rural Cooperation*, Vol. 2, No. 53, April 2018, pp. 37-50.

[45] Chan, K.. Impact of agricultural cooperatives on agricultural production efficiency and income of smallholder farmers in China. *Agricultural Economics*, Vol. 2, No. 25, April 2015, pp. 123-134.

[46] 郭红东、郑传芳、陈英等：《农业合作社的组织绩效与地区差异——基于全国500个农户的调查》，载于《中国农村经济》2017年第6期。

[47] 马改艳：《加入合作社对农户绿色生产技术采纳的带动效应——基于福建柚农的调查数据》，载于《中国农业资源与区划》2023年第10期。

[48] Johnson, L.. Agricultural cooperatives and rural development: Evidence from the United States. *Journal of Rural Cooperation*, Vol. 4, No. 53, April 2018, pp. 347-364.

[49] 雷鹏、周立、魏丽莉：《成员异质性、组织启动成本与在地化金融演化——基于河北两案例比较分析》，载于《农村经济》2017年第7期。

[50] 米松华、黄祖辉、朱奇彪：《新型职业农民：现状特征、成长路径与政策需求——基于浙江、湖南、四川和安徽的调查》，载于《农村经济》2014年第8期。

[51] 张天佐、张晓山、赵铁桥等：《公司领办农民合作社——基于河北省金沙河农作物种植专业合作社的典型案例评析》，载于《中国农民合作社》2020年第10期。

[52] 蔡荣、易小兰：《合作社治理的成员态度与参与行为——以鲁陕2省672位果农调查为例》，载于《农业技术经济》2017年第1期。

[53] 田野：《农民专业合作社流通服务功能发挥的影响分析》，载于《农业技术经济》2016年第2期。

[54] 周殿昆：《农产品流通与农民合作社发展相关性分析》，载于《中国流通经济》2010年第24期。

[55] 刘志成：《农民专业合作财务会计规范影响因素分析》，载于《农业经济》2018年第3期。

[56] 合肥工业大学研究者：《中国合作养猪户安全生产行为的决定因素——基于合作社服务视角的证据》(，载于《美食周刊聚焦》2018年。

[57] 颜华、张琪：《农民合作社再联合提升了经济绩效吗？——基于黑龙江332家种植类农民合作社的调研》，载于《农林经济管理学报》2023年第22期。

[58] 李庆海、徐闻怡：《农民合作社对棉花种植户减贫增收的影响》，载于《世界农业》2021年第10期。

[59] 冯娟娟、霍学喜：《何种合作社治理模式更加有效？——以苹果种植户合作社为例》，载于《华中农业大学学报（社会科学版)》2017年第6期。

[60] 李婵娟、左停：《“嵌入性”视角下合作社制度生存空间的塑造——以宁夏盐池农民种养殖合作社为例》，载于《农业经济问题》2013年第34期。

[61] 姜斐然：《内生型农村资金互助模式探究——基于山东省蒙阴县农民专业合作社的实证分析》，载于《西南民族大学学报（人文社会科学版)》

2011 年第 32 期。

[62] 季晨、贾甫、徐旭初：《基于复衡性和绩效视角的农民合作社成长性探析——对生猪养殖合作社的多案例分析》，载于《中国农村观察》2017年第 3 期。

[63] 广西财政厅课题组、唐际明：《完善广西农业综合开发扶持农民专业合作组织的政策研究》，载于《经济研究参考》2013 年第 59 期。

[64] 肖琴、李建平、李俊杰等：《财政扶持农民专业合作社的瞄准机制研究——基于东部某市农业综合开发产业化经营项目的思考》，载于《农业经济问题》2015 年第 36 期。

[65] 姜启军、王凡：《农业产业化联合体协同效应分析——基于治理模式的视角》，载于《世界农业》2022 年第 8 期。

[66] 钟真、蒋维扬、赵泽瑾：《农业产业化联合体的主要形式与运行机制——基于三个典型案例的研究》，载于《学习与探索》2021 年第 2 期。

[67] 毕美家：《中国共产党领导合作社发展的百年历程和经验启示》，载于《中国农民合作社》2021 年第 7 期。

[68] 国务院发展研究中心课题组：《农民自组织的成长与约束》，载于《管理世界》1994 年第 6 期。

[69] 张庆亮：《中国共产党百年合作社实践与探索：发展历程、经验教训与未来展望》，载于《学术界》2021 年第 6 期。

[70] 何秀荣：《农业合作社的起源、发展和变革》，载于《社会科学战线》2022 年第 10 期。

[71] 梁甜甜、唐兵、宋磊：《农村土地信托流转的法律思考》，载于《法制博览（中旬刊）》2014 年第 1 期。

[72] 谢世清、李丽霖：《从世行贷款看国际金融组织促进中国的制度创新》，载于国际贸易 2014 年第 2 期

[73] 钟智利：《世行项目扶持的辽宁农民合作社发展情况分析》，载于《辽宁农业科学》2018 年第 6 期。

[74] 王紫滕：《世界银行贷款合作社助推陕北地区乡村振兴的实践困境与应对之策》，载于《山西农经》2022 年 6 期。

[75] 邵建成、黄德林：《从世界银行农业贷款项目运行机制上看中国畜

牧业资金高效利用》，载于《中国农学通报》2003 年第 5 期。

［76］刁莉、梁松、刘捷：《20 世纪 80 年代以来世界银行对华贷款及其经济社会影响》，载于《中国经济史研究》2011 年第 4 期。

［77］钟智利：《世行项目扶持的辽宁农民合作社发展情况分析》，载于《辽宁农业科学》2018 年第 6 期。

［78］胡玲梅、李建平、肖琴：《中国农业利用国际金融组织贷款评价模式探析》，载于《农业展望》2018 年第 14 期。

后　记

本书的撰写得益于《世界银行贷款中国贫困片区产业扶贫试点示范项目贵州项目区现代农业经营组织促进乡村振兴与脱贫攻坚有效衔接课题研究》所获得的丰富调研材料，感谢省农业农村厅乡村振兴项目中心对于调研工作的支持和帮助。

感谢我的博士生导师洪名勇老师在合作社调研问卷设计、调研工作开展方面给予的指导和帮助，在读博期间洪老师谆谆教导和倾囊相授让我受益良多，让我随这个学风优良、治学严谨、勇于创新同时团结友爱的师门共同进步；也感谢师母龚丽娟老师在学习和生活的关心支持，帮助我在学业上不断向前。

感谢贵州省现代农业发展研究所领导的大力支持，感谢所里社科团队各位老师的鼎力帮助，特别是吴建勇书记、欧国武所长、詹瑜老师和黄婧老师的提携和支持。这个踏实认真、团结协作、互相帮助的集体给了我充分的学术自由，让我能够专心致志地进行博士学习、开展学术研究，社科团队前辈老师与各位同仁的倾囊相助总是让我感动，并激励着我不断向前。也感谢所里行政和财务工作老师的支持和帮助，是他们的辛苦付出给了科研人员坚实的保障。

本书由史琼协调带领贵州省现代农业发展研究所社科团队老师和贵州大学农村发展硕士研究生共同完成，具体分工为史琼负责项目整体框架设计和统筹，并负责了第一章、第五章、第六章、第七章和第八章的撰写；黄莹老师负责第二章撰写，共计 1 万字；饶珈老师负责第三章撰写，共计 0.9 万字，李芹芹老师负责第三章撰写，共计 0.6 万字。在图书撰写过程中，感谢王培、欧娟、郭靖、陈维妮、吴家琪、邓阳芳、杨梵老师对项目调研和资料整理提供的帮助；感谢贵州大学农林经济管理博士研究生余玉语、杨帆、谭宇航、王涵和管理科学与工程博士研究生刘欣然对本书修改过程给予的支持和帮助，感谢贵州大学农村发展专业硕士研究生邓梦秋、马成燕、黄明慧对图书校对工作付出的努力。